중요한 것만 남기고
버려라

중요한 것만 남기고 버려라

초판2쇄 발행 2018년 2월 20일 │ **초판1쇄 발행** 2018년 1월 15일
지은이 후지요시 타쓰조 │ **옮긴이** 이은정 │ **발행인** 이기선 │ **발행처** 제이플러스
주소 서울시 마포구 월드컵로 31길 62 │ **전화** (02)332-8320 │ **팩스** (02)332-8321 │ **등록번호** 제10-1680호
등록일자 1998년 12월 9일 │ **홈페이지** www.jplus114.com

ISBN 979-11-5601-057-9(03320)

KEKKYOKU 1% NI SYUUTYUUDEKIRU HITO GA SUBETE WO KAERARERU
by Tatsuzo Fujiyoshi
Copyright ⓒ 2016 Tatsuzo Fujiyoshi
All rights reserved.
Originally published in Japan by SEISHIN PUBLISHING CO., LTD., Tokyo.
Korean translation rights arranged with SEISHIN PUBLISHING CO., LTD., Japan
through EntersKorea Co., Ltd.

중요한 것만 남기고
버려라

후지요시 타쓰조 지음 | 이은정 옮김

제이
플러스

차례

들어가며

무엇이든지 하려는 사람의 습관

제1장

일과 시간에 쫓기는 사람은 잘못되었다?

제2장

끌어안고 있는 일과 이별하기

구체적인 행동 요령

제3장

자신을 못살게 구는 착각과 이별하기
사고의 틀을 바꾸는 구체적인 요령

제4장

행동을 저해하는 감정과 이별하기
마음과 감정을 다스리는 구체적인 방법

제5장

인생을 빈곤하게 만드는 물건 · 인간관계와 이별하기
사물 및 대인관계

제6장

1%에 집중하는 기술
선택과 집중

글을 맺으며

'지금 이 순간'을 살 수 있는 사람만이 세상을 바꾼다

에필로그 epilogue   245

행동의 반복은 습관이 되고 습관은 우리의 운명을 결정한다

만약 오늘이 인생의 마지막 날이라면

지금 하려고 하는 일이 정말 내가 하고 싶은 일일까?

If today were the last day of my life,

would I want to do what I am about to do today?

– 스티브 잡스

"열심히 하는데 성과가 없다."

"바로 행동하고 싶은데 마음대로 안 된다."

"일할 의욕이 안 생긴다."

아무리 노력해도 결과가 안 나온다고 고민하는 사람들이 많습니다.

필자는 멘탈코치로 활동하고 있습니다. 지난번에 쓴 《결국 '당장 하는 사람'이 모든 것을 가진다》는 불과 1년 만에 25만 부 이상 판매된 베스트셀러가 되었고, 많은 분들로부터 도움이 되었다, 고맙다는 말씀을 들었습니다. 하지만 한편으로는 다음과 같은 고민을 상담해오는 독자들의 목소리를 듣기도 했습니다.

"당장 하면 좋겠죠. 하지만 늘 그렇게 하는 건 너무 힘들어요."
"솔직히 꾸준히 할 수가 없어요. 끈기가 없어서일까요?"

그래서 분석해보려고 합니다. 왜 성과를 못 내는지, 왜 바로 행동으로 옮기지 못하는지에 대해서 말입니다.

성과를 못 내는 사람이 빠지는
'용량 부족의 덫'

결론부터 말하면 '일을 너무 많이 떠안고 있어서' 입니다. 이렇게 말해도 쉽게 이해되지 않을 겁니다.

11

그간 멘탈코칭을 하면서 만난 성과를 못 내는 분들의 90%가 '일을 지나치게 많이 떠안고 있는' 상태였습니다.

- 일을 지나치게 많이 떠안고 있다.
- 하고 싶은 일, 해야 하는 일을 지나치게 많이 떠안고 있다.
- 성가신 인간관계를 지나치게 많이 떠안고 있다.
- 해결할 수 없는 문제를 지나치게 많이 떠안고 있다.
- 나쁜 습관을 지나치게 많이 가지고 있다.
- 업무부터 사생활에 이르기까지 과제를 지나치게 많이 떠안고 있다.

지나치게 많다는 것의 기준은 사람마다 제각각입니다만, 도대체 왜, 이런 경우 성과가 나오지 않거나 곧바로 행동할 수가 없는 걸까요? 정답은 '용량 부족의 덫'에 걸려 있기 때문입니다.

뇌와 행동의 용량 부족이
모든 것을 불행하게 만든다

필자는 늘 '사람에게는 무한한 가능성이 있다'고 주장합니다. 물론 시공간적 제약이 있는 경우 업무에 사용할 수 있는 뇌와 행동의 용량은 유한합니다.

알기 쉬운 예로 컴퓨터의 메모리(RAM)를 들 수 있습니다. 컴퓨터로는 인터넷서핑을 하면서 이메일을 송수신하고 음악을 틀고 전산용 소프트웨어를 사용하는 등 동시에 다양한 일이 가능합니다. 그러나 여러 소프트웨어를 동시에 가동시키면 컴퓨터의 처리속도가 늦어지기도 하고, 심지어는 멈춰버리기도 합니다.

인간의 뇌도 마찬가지입니다. 뇌 과학 분야에는 워킹메모리라는 개념이 있습니다. 워킹메모리란 정보를 일시적으로 유지하면서 조작하는 영역으로 작업기억이라고도 합니다. 우리는 세세한 기억을 일시적으로 유지하면서 암산도 하고 잡담을 하기도 합니다. 또 일도 하며 사고활동도 합니다.

그런데 컴퓨터의 메모리와 마찬가지로 이 영역에도 한계가 있습니다. 워킹메모리를 많이 사용하면 용량이 부족해져서 동작이 둔해집니다. 할당된 용량이 100이라고 해도 많은 것을 동시에 하면 빈 영역이 부족해지고, 결국 동작이 둔해지거나 몸이 움직이지 않게 되는 겁니다. 이런 상황이라면 열심히 한다 해도 성과가 나올 리 없습니다.

1%에 모든 힘을 사용할 수 있는 사람이
인생을 바꿀 수 있다

행동과 결과의 관계도 마찬가지입니다.

행동이 인생을 바꾼다는 것은 틀림없는 사실입니다. 그러나 몸은 하나입니다. 업무, 해결되지 못한 문제, 인간관계의 문제, 가정 문제, 사생활 문제 등을 한꺼번에 떠안고 있으면 운신의 폭이 좁아질 수밖에 없습니다. 또 행동했다고 해도 힘이 분산되고 동작은 둔해지니 성과도 기대하기 어렵습니다. 우선순위를 세워도, 효율을 높여도, 스피드를 올려도 근본적으로 해결되지 않습니다.

그렇다면 당신의 뇌와 행동력에는 빈 용량이 충분합니까? 어떻게 하면 최고의 성능을 발휘하고, 또 최고의 성과를 얻을 수 있을까요? 바로 1%에 모든 힘을 쏟으면 됩니다.

• 항상 최대한의 성능을 발휘할 수 있다.

- 항상 떠오른 생각을 바로 행동으로 옮길 수 있다.
- 항상 한 가지 일에 100% 집중할 수 있다.

만약 당신이 이렇게 할 수 있다면 삶의 모든 것이 바뀌기 시작할 것입니다. 실제로 필자의 코칭을 받은 사람들은 '지나치게 많이 떠안고 있는' 상태에서 '늘 1%에 집중할 수 있는' 상태로 이행되었고, 그로 인해 인생이 좋은 방향으로 전환되었습니다.

이 책은 바로 그런 이야기를 하고 싶어서 썼습니다. 이 책의 테마가 '버림과 이별'인 이유이기도 합니다.

지나치게 많이 떠안고 있는 업무, 돈과 연애에 대한 욕망, 과도한 인간관계, 불안이나 짜증 등의 감정, '해야 한다'는 등의 강박관념……, 이러한 것을 버리고 진짜 해야 할 단 하나에만 집중해야 합니다.

어쩌면 당신은 이렇게 대꾸하고 싶을지도 모르겠습니다.

"그런 게 가능하면 고생 안 하지."

그러나 그것조차도 착각입니다. 다 내려놓으세요.

이 책에는 수많은 것들을 버릴 수 있는 간단한 방법과 함께 '1%'에 집중하기 위한 방법이 쓰여 있습니다. 만약 놓아버리기 어렵다면 준비한 멘탈워크를 실천해보세요. 놀라울 정도로 쉽게 놓아버릴 수 있을 겁니다.

지금까지의 삶에서 짊어지고 있던 짐을 내려놓으세요.
그렇게 99%를 내려놓고 1%에만 집중하세요.
그러면 몸도 마음도 모든 것이 가벼워지고
적극적으로 행동할 수 있게 되며
성과도 올릴 수 있을 겁니다.

이 책의 마지막장을 넘길 때 당신이 놓아버려야 할 그 무언가가 분명히 보일 것입니다. 그것은 이 책에서 소개하지 못한 것일 수도 있습니다. 오로지 당신만이 알 수 있는 그런 것일 수도 있습니다.

하지만 상관없습니다. 그것까지 전부 버리세요. 필요 없는 것·정보·생각·감정들을 떠안고 있는, 그래서 꼼짝달싹도 할 수 없는 지금 당신의 인생에서 벗어나게 되면 당신은 지금까지와는 전혀 다른 인생을 살게 될 것입니다.

이 책으로 당신의 모든 것이 바뀌고, 그로 인해 당신의 매일 매일이 가슴 두근거리는 즐거움으로 가득하기를 바랍니다. 제게 그것보다 행복한 일은 없을 겁니다.

라이프 & 비즈니스 코치, 멘탈코치

후지요시 타쓰조

들어가며

무엇이든지 하려는 사람의 습관

알고 있지만 행동할 수 없는 사람의

세 가지 비명

>>>

현실을 바꾸는 '마법'을 알고 있습니까?

바로 '행동'입니다. 행동이야말로 현실을 바꾸는 가장 효과적인 수단입니다. 너무 엉뚱한가요? 하지만 행동은 현실을 바꾸는 유일무이한 최강의 방법입니다.

행동하면 자기 자신과 환경이 변하기 시작합니다. 목표를 향해 조금씩, 그리고 착실하게 다가갈 수도 있습니다.

"행동, 행동. 행동만이 현실을 바꾼다."

자, 여러분! 행동합시다! 이런 말을 하는 것만으로 행동할 수 있다면 고민할 필요도 없을 겁니다. 그러나 현실에서는 그렇게 잘 안 된다는 사람이 많습니다.

"알고야 있지만 행동하지 못하니까 고민하는 거 아냐!"

이렇게 느끼고 있는 사람들이 많을 것입니다.

실제로 필자의 클라이언트나 상담자들은 주로 '세 종류의 비명'을 지릅니다. 먼저 그 비명들을 소개해보겠습니다.

너무 많이 떠안고 있어서 움직일 수 없다!

첫 번째 비명은 "행동하려고 해도 일이 너무 많아서 못하겠어!" 입니다.

"일을 척척 해내고 싶다!"
"항상 일에 쫓겨서 숨 돌릴 여유도 없다!"
"잇달아 늘어나는 일을 어떻게든 정리하고 싶다!"

이렇게 말하는 분들의 공통점은 너무 많은 일을 떠안고 있다는 것입니다. 소소한 일상에서부터 큰 프로젝트까지 한꺼번에 많은 일들을 떠안고 있습니다. 게다가 요즘은 기록의 데이터화나 정보 공유 등 업무의 효율성을 높이기 위해 사용하는 문명의 도구를 효과적으로 활용하기 위한 밑 작업까지 해야 하는 실정입니다.

이럴 때 여타의 비즈니스 관련 책들은 "타인에게 맡길 수 있는 일은 다 맡겨버려라"라고 주장합니다. 그럴 만한 사람이 옆에 있다면 그럴 수도 있을 겁니다. 하지만 지속적으로 직원을 줄이고 있는 상황이어서 인력이 부족하다면? 게다가 부하직원이 없는 사람이라면? 일인다역을 할 수밖에 없을 것입니다. 게다가 이런저런 주변의 요구는 나날이 늘어갑니다. 회사 조직에서는 상하뿐만 아니라 부문횡단 형식의 프로젝트도 많아서 무엇이 원래 업무고 무엇이 부차적인 업무인지 분간이 안 됩니다. 상사에게 상담하면 이런 대답만 돌아올 뿐입니다.

"전부 자네 일이네."
"자네 정도라면 다 할 수 있어. 당연한 거 아닌가?"

한편 "업무를 줄이자"고 주장하는 책도 있습니다. 그러나 업무를 선택하는 입장에 있는 사람이라면 모르지만 지시를 받는 입장에 있다면 과연 상사에게 "못 합니다"라고 당당하게 말할 수 있을까요?

승승장구하고 있는 친구에게 하소연하면 "그렇게 힘들면 그만두면 되잖아?"라는 말을 들을지도 모릅니다. 그만둘 수 있다면 벌써 그만뒀을 겁니다. "그만둘 수 없으니까 고민하고 있는 거 아니냐"고 한마디 쏘아붙이고 싶어집니다.

이래서는 업무의 질을 향상시키기 어렵습니다.

두 번째 비명

우선순위를 정할 수 없다!

두 번째 비명은 "운선순위를 정할 수 없다!"입니다.

　나날이 가중되는 업무, 잇달아 닥치는 마감일, 여기에 엎친데 덮친 격으로 높은 퀄리티까지 요구당합니다. 새로운 업무도 자꾸만 늘어납니다. 고민하면 상사는 이렇게 말합니다.

　"우선순위를 정해서 빨리 해치워! 우선순위란 건 말이지…."

비즈니스 관련 책에는 우선순위나 'TO DO 리스트'를 만드는 저마다의 방법들이 쓰여 있습니다. 그중에서도 가장 유명한 것이 바로 《성공하는 사람들의 7가지 습관(The seven habits of highly effective people)》(스티븐 코비 저, 김영사)의 '시간관리 매트릭스'입니다. 시간관리 매트릭스는 우선순위를 일의 '긴급도'와 '중요도'로 분류하여 정하는 방법인데, 긴급하지 않지만 중요한 것을 '제2영역'이라 명명하고 특히 중시합니다.

또한 이 책에서는 "긴급하면서 중요한 것은 즉시 대응을 해야 하지만 근본적인 행동을 개선할 필요까지는 없다. 긴급하지 않지만 중요한 것을 중시해야 한다"고 주장합니다. '제2영역'에 해당하는 사안을 신속하게 다루라는 것입니다. 맞는 말입니다.

그런데 현실에서는 긴급하고 중요한 '제1영역'과 긴급하지만 중요도는 낮은 '제3영역'의 일을 해야 하는 상황이 압도적으로 많습니다. '제2영역'의 일까지 할 여유 따위는 없습니다. 그러니 일을 우선순위로 분류했다고 업무량이 줄어드는 것도 아니고 오히려 분류하는 일만 늘어날 뿐입니다.

어쨌든 긴급한 업무를 처리하느라 하루를 보냅니다. 업무는 조금도 줄지 않고, 아니 긴급한 업무가 늘어나기만 하는 악순환이 계속됩니다. 결국 《성공하는 사람들의 7가지 습관》에서 경고하는 사태가 벌어집니다. 그래서 다시 한 번 마음을 다잡고 우선순위를 정해봅니다. 하지만 상황은 뜻대로 잘 풀리지 않습니다. 업무상황이란 생물 같아서 긴급도도, 중요도도 시시각각 변하기 때문입니다. 그러니 오늘 정한 우선순위가 내일은 도움이 안 될 수도 있습니다. 흔한 일입니다. 그러다 보니 결국 우선순위를 정하는 데 실패한 채 긴급안건에 이리 치이고 저리 치이는 나날이 이어집니다.

집중이 안된다!

세 번째 비명은 "집중이 안된다!"입니다.

업무량이 줄기는커녕 늘어만 가는 상황에서는 미처 끝내지 못한 업무를 늘 떠안고 있습니다. 심지어 고객으로부터의 클레임이나 상사로부터의 긴급지시 등이 끼어들 때마다 업무는 중단됩니다.

실제 사무실에서는 인터넷, 이메일, 라인, 사내 SNS, 문자 등 다양한 채널로 끊임없이 커뮤니케이션을 강요받고, 여러 곳으로부터 '업무를 중단시키는 정보'가 밀려듭니다. 지시나 질문에

는 당연히 대응해야 합니다. 하지만 그로 인해 업무에는 집중할
수가 없습니다.

　트라이엄프 인터내셔널 저팬(Triumph International Japan Ltd.)의
전 사장인 요시고에 코이치로(吉越浩一朗)는 자신의 저서 《잔업 제
로 업무력》에서 회사 내외부의 연락을 차단하고 집중할 시간대
를 정하라고 주장합니다. 하지만 이것이 가능한 회사가 도대체
몇이나 될까요?

　집중할 수 없는 이유에는 업무량이나 업무 방해 요소 같은 것
만 있는 것이 아닙니다. 업무의 방법론, 업무의 올바른 진행법,
성공하는 방법 등에 대한 인터넷 정보나 책, 전문가의 의견까지
참으로 다양한 정보가 넘쳐나지만 무엇이 올바르고 무엇이 틀
렸는지 참 알기 어려운 시대입니다. 그래서 더 고민이 됩니다.

　우리는 매번 선택을 해야 하는 상황에 처해 있습니다. 또 자
신이 하고 있는 일이 정답인지, 오답인지, 어떻게 하면 되는지
고민의 연속입니다. 정보는 넘쳐나는데 정작 일에 집중하기는
어려운 환경이 조성되어 있습니다.

　미래의 일, 결과, 돈, 인간관계, 가족 등 많은 문제를 떠안은

채 지내다 보면 삶이 점점 무겁게 느껴지고 그 무게에 짓눌려 꼼짝도 못하게 됩니다. 그 결과 뇌와 행동의 용량이 부족해지고 힘이 분산되어 성과를 올리지 못하게 되는 것입니다.

인생은
'계속 기업'이다

혹시 당신의 마음도 비명을 지르고 있지는 않습니까?

만약 그렇다면 그냥 내버려둬서는 안 됩니다. 노력이나 근성으로 효율화를 높이는 데도 한계가 있기 때문입니다.

회계용어 중에 '기업은 계속 존재한다'는 의미의 '계속기업(going concern)'이라는 말이 있습니다. 기업이 계속 존재한다는 말은 업무도 무한정 계속 존재한다는 의미입니다. 눈앞에 업무가 끊임없이 무한정 계속 늘어난다는 것입니다.

우리의 인생도 마찬가지입니다.

인생은 '계속 기업'입니다. 우리가 떠안고 있는 물건이나 일은 계속 늘어갈 뿐, 아무리 열심히 한다 해도 당신의 능력, 재능,

가능성은 빛을 발할 수 없습니다. 자신의 능력을 모두 발휘하고
다양한 일을 달성하려면 바로 '지금', '모든 것'을 바꿔야 합니다.

99%와 이별하고
1%에 집중하는 삶

더 좋은 세상 만들기는 우리들의 행동에 의해서만 가능합니다. 하지만 대다수의 사람들이 행동하지 않으면 결국 이 세상은 더 좋아지지 않습니다. 이대로 만족합니까?

필자는 2015년 7월에 《결국 '당장 하는 사람'이 모든 것을 가진다》라는 책을 출판했습니다. 이 책에서는 행동에 초점을 두고 행동으로 옮기기 위한 '기분과 관점의 전환'의 중요성에 대해서 설명하고 있습니다.

기분이란 컨트롤할 수 있고 관점도 자유자재로 전환시킬 수 있으며, 이러한 자율적 컨트롤과 전환을 통해 '바로' 행동하자는 내용을 담고 있습니다.

이 책에서는, 행동의 중요성을 이해하고 기분을 컨트롤했는

데도 많은 양의 업무에 치어서 행동하기 어려운 상황에서 벗어
날 수 있는 방법을 구체적으로 제시할 것입니다.

이를 위한 키워드가 바로 '버림과 이별'입니다.

지금부터 '99%와 이별하고 1%에 집중하는 삶'의 효용성을 살
펴봅시다.

제 1 장

일과 시간에 쫓기는 사람은
잘못되었다?

결국 할 일이 너무 많은 사람은
잘 안 풀린다

사람은 하나의 일에 집중하면 100%의 힘을 발휘할 수 있습니다.

할 일이 많아서 그에 동반되는 걱정이 쌓이면 산만해집니다.

또한 업무에 쏟는 에너지도 분산될 수밖에 없습니다. 100의 힘

이 있어도 10개의 과제를 맡으면 과제 하나에 단 10의 힘만을

투자할 수밖에 없으니까요. 효과적으로 일할 수도, 큰 성과를

남길 수도 없는 것입니다.

이러한 상황에 빠지기 쉬운 사람에게는 9개의 패턴이 있습니

다. 어떤 사람이 할 일을 지나치게 많이 떠안게 되는지 순서대

로 살펴봅시다.

성실하고 성격이 좋은 사람일수록 일이 많다

●

첫 번째 패턴은 "성실하고 성격이 좋은 사람"입니다.

성실하고 성격이 좋은 사람은 늘 웃으며 업무에 몰두합니다. 또 불평불만을 하지 않고 다른 사람의 고민을 들어주어서 모두가 좋아합니다. 그런데 이런 사람에게는 일이 모여듭니다. 자신의 일이 아무리 급해도, 아무리 무리한 부탁이어도 거절하는 법이 없기 때문입니다. 한마디로 부탁하기 쉬운 타입인 겁니다. 게다가 불만이나 고민이 있는 사람들의 술자리 초대도 많아서 시간과 에너지를 희생하기 십상입니다.

성실함은 중요합니다. 규율이나 규칙을 벗어나지 않고 지시를 지키며 근면하고 성실하다는 것은 공업화 시대부터 중요시되어 온, 그리고 21세기인 지금도 통용되는 중요한 가치관이자 미덕입니다. 단, '적정한 업무량이라면'이라는 조건이 붙는다면 말이지요. 발생한 일에 대해 그 업무량을 상사나 경영자가 컨트롤하지 않는 현실에서는 단순히 성실한 것만으로는 살아남을 수가 없습니다.

또 거절을 잘 못해서 다른 사람의 일이나 문제까지 용량을 초

과해 떠안습니다. 한계 밖의 일을 맡는 이유는 자신이 감당할 수 있는 한계를 모르기 때문이기도 하지만 미움을 받기 싫어하는 성격 때문이기도 합니다. 이런 패턴의 사람은 모두에게 좋은 모습을 보여주고 싶어서 말도 못하고 혼자서 끙끙 앓습니다.

능력 있는 사람일수록 일이 많다

●

두 번째 패턴은 "능력 있는 사람"입니다.

일반적으로 능력이 있는 사람일수록 일을 잘합니다. 그러나 그와 동시에 떠안게 되는 일도 많습니다. 누구나 '능력 있는 사람에게 일을 맡기고 싶다'고 생각하기 때문입니다. 또 부탁받은 일을 해온 사람은 다른 이들에게 받는 신뢰가 주는 쾌감을 알고 있습니다. 능력 이상의 힘을 발휘한 적도 있어서 거절하기는 더 어렵습니다.

지금도 프로그램을 한 주에 몇 개나 하고 있는 일본의 한 인기 사회자는 한창 전성기 때에는 잘 시간이 없을 정도로 살인적인 스케줄을 이어갔다고 합니다. 그런데도 들어오는 일을 거절하지 못했답니다.

이 사람뿐만이 아닙니다. 대부분의 능력 있는 사람들은 더 잘하고자 하는 마음이 강해서 업무의 퀄리티를 낮추지 못합니다. 허들의 높이를 스스로 올리는 타입이지요. 자신을 과신하는 사람도 허들을 점점 높입니다.

단기적으로는 어떤 일이나 과제도 잘 해결해내는 사람으로 보일 수 있습니다. 그러나 그런 상황이 장기간 지속되면 심신이 피폐해집니다. 그야말로 지나치게 많이 떠안고 있는 것입니다.

체력이 있는 사람일수록 일이 많다

세 번째 패턴은 "체력이 있는 사람"입니다.

필자의 할아버지는 체신성(정보통신을 담당하던 일본의 옛 행정기관) 관료였지만 독립해서 운송회사를 경영했습니다. 그런데 생전에 자주 하던 말이 있었습니다.

"아무리 잘난 척해도 체력이 없으면 안 돼. 그러니까 체력을 길러."

옛날부터 '대학 때 스포츠 동아리 활동을 하면 체력적으로 유리하다'는 말도 자주 들었습니다. 맞는 말입니다. 업무를 할 때

체력은 중요합니다. 체력이 좋다는 말에는 아무리 어려운 상황에 처하더라도 '잠을 안 자고도 열심히 할 수 있다', '강한 체력으로 극복할 수 있다'라는 뜻을 내포하고 있기 때문입니다.

체력이 있는 사람은 심리적 스트레스에도 강합니다. 실제로 체력이 있는 사람과 그렇지 않은 사람 간에 큰 차이가 있습니다.

그런데 체력이 있는 사람에게는 일이 몰려듭니다.

"저 사람은 체력이 있으니까 무리한 부탁을 해도 괜찮을 것 같아."

"깡다구가 있을 것 같아."

"떨어져 나갈 것 같지 않아."

"잠을 안 자도 괜찮을 거야."

주위 사람들이 멋대로 생각하고 일을 자꾸만 맡기기 때문입니다.

결국 자타공인 체력왕들은 더 많은 일을 떠안게 됩니다.

실패를 두려워하는 사람일수록 일이 많다

●

네 번째 패턴은 "실패를 두려워하는 사람"입니다.

실패한 경험이 한 번도 없는 사람은 없습니다. 실패로 인해 고생했다든지 힘들었다든지 하는 경험은 누구에게나 있습니다.

실패는 도전의 결과 중 하나일 뿐입니다. 성공할 수도 있고 실패할 수도 있습니다. 물론 '실패 따위는 존재하지 않는다. 도전하면 성공하거나 성장할 뿐이다'라고 생각하는 사람도 있습니다. 필자도 그렇게 생각합니다. 그러나 "실패"를 극도로 두려워하는 사람도 있습니다. 대부분 과거에 큰 실패를 경험했기 때문인데, 이들은 실패를 생각하는 것만으로 공포를 느낍니다.

공포가 심하면 몸이 얼어붙어 행동할 수 없게 됩니다. 이는 동물적 학습 시스템 때문입니다. 어떤 경험을 했을 때 아주 싫은 감정을 가졌다고 합시다. 그 감정을 두 번 다시 맛보기 싫다고 강하게 인풋(in put)되면 인간은 동일한 체험을 미연에 방지하기 위해 공포라는 알람이 울리는 시스템을 마음과 몸에 만들어 버리는 것입니다.

공포를 느꼈다고 합시다. 그러면 몸이 굳어지고 가슴이 떨려서 어찌 해야 할지 모르게 됩니다. 이것은 "삐~~~~~! 긴급사태 발생! 긴급사태 발생!"이라고 시끄럽게 울리는 경보와 같습니다. 이런 알람이 마음속에서 울리면 제대로 행동할 수 없게 됩니다. "실패하지 않도록, 실패하지 않도록"이라고만 되뇔 뿐 몸은 이미 과도하다 싶을 정도로 움직일 수가 없습니다.

이런 알람이 장착되어 있는 사람은 새로운 행동이나 도전을 주저하게 됩니다. 그저 지금까지의 행동밖에 할 수 없습니다. 행동을 하더라도 신중을 기하기 때문에 자꾸만 확인하게 됩니다. 그런 만큼 일은 더 쌓여갑니다.

결국 실패를 두려워하는 사람일수록 일을 떠안게 되는 것입니다.

기대에 부응하려는 사람일수록 일이 많다

●

인간에게는 '인간관계의 동기', '상승·달성의 동기', '윤리 및 절차의 동기' 등 세 가지 경향의 동기가 있다고 합니다. 그런데 이 세 가지 동기 중에도 일을 떠안는 패턴이 숨어 있습니다.

바로 '기대에 부응하고자 하는 유형'의 사람입니다. 이들은 인간관계의 동기를 지닌 사람들 중에 많습니다. 대체로 인간관계의 동기가 강한 사람은 감사의 말, 웃음, 도움이 되는 감각, 서로 돕기, 이어지고 있는 감각, 인연, 마음의 교류, 감동 등을 맛

볼 때 가장 큰 보람을 느낍니다.

"저 사람을 위해 힘내자!"

"기대에 부응하고 싶다!"

이런 말을 자주 하는 것도 인간관계의 동기가 강한 사람의 특징입니다.

이런 사람들은 주변으로부터 부탁을 받으면 주저 없이 업무를 떠맡습니다. 기대에 응하는 것이 최대의 기쁨이기 때문입니다. 그래서 제대로 풀리지 않는 게 하나라도 있으면 힘이 듭니다.

"의뢰자를 실망시키고 싶지 않다."

"기대를 배신하고 싶지 않다."

이런 마음으로 더욱 열심히 합니다.

하지만 그럴수록 육체적으로 정신적으로 힘들어질 뿐입니다. 또 일은 점점 늘어나는데, 부탁받은 일 한 가지에만 얽매이기 때문에 다른 일에 소홀해집니다. 그런데도 처리능력을 초월하는 양의 일을 떠안고 맙니다.

성공에 집착하는 사람일수록 일이 많다

●

상승·달성의 동기가 강한 사람은 '성공하다', '역전하다', '성장하다', '최고가 되다', '라이벌을 이기다', '달성하다', '신기록', '우승', '최우수상', '사상 최고', '승급', '베스트'와 같은 것들을 아주 좋아합니다. 힘이 넘쳐나는 타입의 사람이지요.

이 상승·달성의 동기를 가진 사람들 중에는 '성공에 집착하는 사람'이 많습니다.

이들은 성공에 관한 책을 샅샅이 읽고 의욕적으로 따라합니다. 또 공부도 열심히 합니다. 늘 명석한 두뇌와 먹잇감을 노리는 맹수처럼 날카로운 감각을 가지고 있습니다. 영업실적이 전국 최고인 사람 등에게 이런 동기가 강한 사람이 많습니다. 의욕도 강하고 실적도 있으니 신뢰를 받고, 더불어 일도 모입니다. 어쨌든 정력적으로 일을 하며 성공과 관련이 없는 일은 봐주지 않고 잘라버리는 것을 잘하므로 대체로 괜찮습니다.

그러나 성공에 지나치게 얽매이기 때문에 쓸데없이 많은 일을 떠안아 감당할 수 있는 허용량을 초과하곤 합니다. 이것이 문제입니다. 균형이 깨져서 패닉 상태가 될지도 모릅니다.

작은 부분에 집착하는 사람일수록 일이 많다

●

윤리 및 절차의 동기가 강한 사람은 '논리적이다', '조리가 있다', '포인트를 잘 파악하고 있다', '목적과 잘 맞는다', '원리원칙을 잘 따르고 있다', '지금까지 경위를 잘 파악하고 있다', '올바른 순서다', '빈틈없다', '과부족이 아니다', '세세한 부분까지 신경 쓰고 있다'와 같은 것에서 가치를 찾아내는 사람입니다. 바로 '작은 부분에 집착하는 사람'입니다.

작은 부분에만 눈이 가서 숫자의 실수도 금방 찾아냅니다. 논리적인 모순은 용서하지 않습니다. 재작업을 싫어하고 절차나 과정에서 꼼꼼하게 주의를 합니다.

하지만 다른 사람이 신경 쓰지 않는 부분까지 신경을 쓰기 때문에 업무가 정체됩니다. 그러면 점점 일이 쌓이게 되고 결국 패닉 상태에 빠지게 됩니다.

미래에 대한 희망이 없는 사람일수록 일이 많다

●

미래에 대한 희망이 없는 사람은 일을 떠안지 않고 살 수 있지 않을까요? 그렇지 않습니다. 희망이 없다는 것은 상당히 만족스러운 현재를 살고 있든지, 인생의 지침이나 방향성을 찾을 수 없거나 다양하든지 어느 한쪽의 상태입니다. 전자는 괜찮지만 후자라면 많은 일을 떠안을 수 있습니다. 방향성이 명쾌한 사람에게는 적절한 업무가 모이지만, 방향성이 지나치게 다양한 사람에게는 잡일이 모이기 때문입니다. 그러한 상태에서 일을 척척 해나가면 "편리한 사람"이라고 불립니다. 총무부나 업무지원팀 직원이 아닌데도 형광등을 갈아끼우거나 컴퓨터를 관리하게 되는 것입니다. 물론 중요한 인물로 대접받기도 해서 보람을 느끼는 경우도 있습니다.

그러나 본업 이외의 잡무가 늘어날수록 본업은 정체하기 시작합니다. 심지어 밀려드는 잡무들을 거절하지 못하면 이 역시 쌓여갑니다. 어느 순간부터는 업무에 짓눌려서 꼼짝달싹도 못하게 되어버립니다.

기업 등의 조직에서는 각 개인의 업무영역이 확실해야 합니다. 그렇지 않으면 왜곡이 생겨서 적재적소에 배치한다고 해도 이내 무용지물이 되고 맙니다.

가정에 문제가 있는 사람일수록 일이 많다

●

마지막으로 일을 많이 떠안는 사람은 '가정에 문제가 있는 사람'입니다.

살아 있는 인간이라면 누구나 다양한 문제에 직면합니다. 스트레스의 원인은 업무만이 아닙니다. 화목하지 못한 가정도 큰 원인이 됩니다.

가정문제는 가장 가까운 문제이므로 도망치지 않고 대처하면 문제될 것 없습니다. 하지만 때때로 일이 가정문제로부터 도망치는 출구가 되어버리기도 합니다.

일을 핑계로 가정을 방치하는 사람도 많습니다. 이런 경우 가정문제가 해결될 리 없습니다. 오히려 악화될 뿐입니다. 그러면 더욱 집에 들어가기 싫어지고 결국 일에 몰두함으로써 문제를 잊으려고 합니다.

일과 삶의 균형추구나 잔업삭감이라는 취지하에 매주 어떤 요일을 정시 퇴근하는 날로 정한 회사가 있다고 생각해봅시다. 그날만 되면 전체 사원이 정시에 퇴근을 위해 자리에서 일어납니다. 그런데 한쪽 구석에서 이런 투덜거림이 들려옵니다.

"집에 빨리 들어가봤자 할 일이 없어."

회사 일은 자기 자신의 성찰을 필요로 하지 않습니다. 물론 사생활이나 가족과의 시간을 잃는 대신 가정문제의 본질로부터 도망칠 수는 있습니다. 그러나 가정문제를 방치해두면 점점 귀가가 괴로워집니다. 또 가정에 문제가 있으면 업무에 대한 태도도 점점 불성실해질 수밖에 없습니다.

가정문제가 업무의 질, 인생의 질을 낮추고, 힘든 나날을 보내게 만드는 것입니다.

무겁게 떠안고 있는 인생에서
탈출하자

슬라이딩 퍼즐

●

지금까지 살펴본 바에 따르면 한 가지를 추정해볼 수 있습니다. '일을 지나치게 많이 떠안고 있는 상태'로 인해 괴로워하고 있는 사람들이 실제로 많을 수 있다는 것입니다. 지금까지 유유자적하게 일을 하고 있는 사람이라면 운이 좋았다고 생각하는 게 맞을 정도입니다.

그러나 조건이 조금만 달라지면 일이나 잡념, 불안감 등이 눈 깜짝할 새에 파고듭니다. 그리고 많이 끌어안고 있으면 효율이 떨어져서 열심히 해도 성과가 나오지 않게 됩니다. 자유롭게 움직일 수 없는 상황에 빠질 수도 있습니다.

그런 상태에서 벗어나는 방법은 '몸이 움직일 수 있도록 여지를 만들어두는 것'입니다. 생활 속에 공백을 만들라는 뜻입니다. 공백이란 여유를 말합니다. 한발 물러서서 생각할 수 있는 여유가 필요하다는 것입니다.

슬라이딩 퍼즐을 알고 있습니까?

정사각형의 틀 안에 작은 정사각형 조각들이 한 곳만 빼고 꽉 차있습니다. 비워진 곳을 이용해서 조각들의 자리를 바꿔가며 퍼즐을 맞춰가는 퍼즐입니다. 조각이 다 차 있으면 게임이 되지 않습니다. 작은 조각들을 움직이기 위해서는 조각 하나가 반드시 빠져 있어야 하는 것입니다.

마찬가지입니다. 살아가는 동안 우리가 짊어지고 있는 짐은 늘어만 갑니다. 일이 많다고 해서 있는 대로 다 다 끌어안게 되면 여유가 없어집니다. 업무에서 여유가 사라지면 잘 풀릴 것도 안 풀립니다. 때문에 움직일 여유가 없는 사람, 성과가 없는 사람은 일단 여유부터 확보해야 합니다.

당신도 업무와 고민을 '지나치게 많이 끌어안고 있는' 상태라면 지금 당장 여백, 공백, 여유를 만들길 바랍니다.

꽉 붙잡고 있는 것을 놓아보자

●

업무와 고민을 많이 끌어안고 있는 이유는 '~을 하기 위해서', '~가 두려워서'가 아닐까 합니다. 그래서 제안합니다.

"꽉 붙잡고 있는 것을 손에서 놓아보세요."

가령 테니스 라켓을 쥐고 있는 사람이 있다고 합시다. 그 사람이 농구를 하려면 어떻게 해야 할까요? 먼저 테니스 라켓을 내려놓고 농구화로 갈아 신은 다음 코트로 들어가야 할 것입니다. 라켓을 쥐고 있으면 테니스 외에는 아무것도 할 수 없습니다. 잡고 있는 것을 내려놓아야 비로소 새로운 것을 가질 수 있습니다.

많은 일을 끌어안고 있는 사람일수록 내려놓는 것이 중요합니다. 업무는 산적해 있고, 새로운 일도 끊임없이 밀려옵니다. 한 가지 일을 시작해서 전력을 다해 완수한 다음에는 그 일을 손에서 놓아버리고 다른 일을 시작합니다. 그리고 다시 전력을 다한 다음 끝나면 손에서 놓아버립니다. 업무란 이러한 과정의 반복입니다.

걱정거리나 마음에 걸리는 일도 마찬가지입니다. 어쩌나 하고 끙끙대지 말고 그냥 내려놓으세요.

이것은 호흡과 같습니다. 숨을 들이쉬면 공기가 폐에 가득 찹니다. 그런데 숨을 뱉지 않으면 더 이상 들이마실 수가 없습니다. 그래서 우리는 적당히 들이쉬고 들이마시는 것을 반복합니다.

뇌에는 늘 인풋과 아웃풋이 이루어집니다. 무수한 정보가 인풋(in put)되고, 그 정보를 사용해서 판단하고 의지를 결정하고 행동하는 아웃풋(out put)이 이루어지는 것입니다.

그런데 잘못된 정보가 섞여 들어오면 판단, 의사 결정, 행동선택 등에서 잘못된 선택을 할 가능성이 높아집니다. 게다가 오늘날은 TV, 인터넷, 스마트폰 등으로 인해 그 어떤 시대보다도 정보의 바다에 빠져서 허우적거릴 확률이 높아졌습니다.

이런 잘못을 저지르지 않기 위해서는 머릿속에 들어온 정보나 신념을 내려놓아야 합니다. 그리고 심신의 저 깊은 곳에서 솟아나는 '정말 필요한 정보'를 잡으려는 훈련을 해야 합니다.

머리와 몸을 비우고 모든 것을 내려놓으면 직감이 날카로워져서 '정말 필요한 정보'를 재빠르게 잡을 수 있습니다. 직감은 생각이 많으면 발휘되지 않습니다. 모든 것을 내려놓았을 때 비로소 잡을 수 있습니다.

이별하기 전에 알아둬야 할
'행동원칙 5'

자 이제 '지나치게 많이 끌어안고 있는 상태'에서 탈출하기 위한 '행동원칙'을 소개합니다.

1. 행동이 모든 것을 바꾼다.

2. 자신의 행동만 컨트롤할 수 있다.

3. 지금만 행동할 수 있다.

4. 한 번에 한 가지 행동만 할 수 있다.

5. 작은 단위로만 행동할 수 있다.

1. 행동이 모든 것을 바꾼다.

먼저, 행동이 모든 것을 바꾼다는 것을 이해해보세요.

2. 자신의 행동만 컨트롤할 수 있다.

머리로 생각하고 행동하게 만들 수 있는 것은 자신의 몸입니다. 의지를 가지고 행동할 수 있는 것도 자기 자신뿐입니다.

타인을 컨트롤하고 있다는 생각은 착각입니다. 타인 스스로 자발적으로 행동을 일으키고 있는 것입니다. 자신이 컨트롤 가능한 것은 자신의 행동뿐입니다.

3. 지금만 행동할 수 있다.

과거는 지나갔으며 미래는 아직 오지 않았으므로 우리는 현재에서만 행동할 수 있습니다. 우리는 영원히 현재에 갇혀 있습니다. 과거를 되돌아보는 것도, 미래의 예정을 세울 수 있는 것도 바로 지금, 현재에서만 가능합니다.

4. 한 번에 한 가지 행동만 할 수 있다.

우리는 하나의 몸을 가지고 있습니다. 뇌 구조상으로도 한 번에 한 가지 행동밖에 할 수 없습니다. 심장이 뛰고 폐가 호흡하고 입이 말을 하는 것은 동시에 이루어집니다. 하지만 집중력을 필요로 하는 고도의 업무는 한 번에 '한 가지'밖에 할 수 없습니다.

5. 작은 단위로만 행동할 수 있다.

한 번에 할 수 있는 업무의 양에도 한계가 있습니다. 1초 동안 할 수 있는 양도 한계가 있습니다. 그런데 이처럼 작은 단위의 행동이 가능해지면 그것이 쌓이고 쌓여서 큰 업무의 달성도 가능하게 합니다.

이 다섯 가지 행동원칙을 실천하여 '지나치게 많은 업무'와 이별하세요.

99%와 이별하는 4단계

최적의 행동을 선택하는 프로세스를 알면 행동할 수 있습니다.

이번에는 '지나치게 많이 끌어안고 있는 상태'를 야기한 원인들을 하나씩 제거하기 전에 최적의 행동을 선택하기 위한 프로세스를 이해하고자 합니다. 그 프로세스에는 4단계가 있습니다.

1. 내려놓는다.
2. 본다.
3. 선택한다.
4. 행동한다.

1. 내려놓는다.

업무, 불안, 고민에 빠져 있는 상태를 내려놓자는 말입니다. 머릿속에 들어있는 것을 다 밖으로 던져 버리고 제로베이스에서 리셋합니다. 기지개를 켜거나 큰 소리를 지르거나 스트레칭이나 산책으로 기분전환을 합니다.

2. 본다.

넓은 시야로 전체를 바라보며 떠안고 있는 업무나 고민, 우려에 대해 분석합니다. 해야 할 일이 많다면 그것을 모두 메모지에 적어보고 전체 상황을 파악합니다.

3. 선택한다.

몇 가지 계획 중에서 바로 해야 할 것을 선택합니다. 선택하는 것은 가장 중요한 과제입니다. 우리는 한 번에 하나밖에 할 수 없으므로 선택도 하나일 수밖에 없습니다. 그러므로 가장 먼저 할 일을 정합니다. 긴급하지 않지만 중요한 과제에 대해서는 그 일을 수행할 일시를 지정해놓습니다.

4. 행동한다.

무언가 한 가지를 선택했다면 '선택'에서 '행동'으로 마음가짐을 바꾸고 행동에 집중합니다. 많은 사람들이 업무나 고민이 너무 많아서 여유가 없습니다. 이는 '선택'을 하지 않아서 하나의 일에 집중할 수 없기 때문입니다.

'2. 본다'의 단계를 수행한다고 지나치게 넓게 내려다만 보면 '선택'을 하더라도 중요도가 낮은 과제를 선택하게 되는 경우도 있습니다. 전체만 보고 각각을 확실하게 파악하고 분석하지 않았기 때문입니다.

중요도가 가장 높은 과제를 선택해서 그 한 가지에만 100% 집중해야 합니다. 중요한 것 이외의 것들이 관심의 대상이 되어서는 집중할 수가 없습니다. 다른 업무나 고민, 생각을 하고 있어도 당연히 집중할 수 없습니다.

이상의 4단계를 명확하게 나눠서 행동하는 것이 중요합니다.

전체를 이어보면 다음과 같이 됩니다. 먼저 무조건 업무를 시작하는 것이 아닙니다. 우선 심호흡을 하고 모든 것을 내려놓습니다. 그리고 하고 싶은 것과 해야 하는 것들을 모두 나열합니다. 그런 다음 전체를 내려다본 후 지금 당장 시작할 것을 하나만 선택합니다. 마지막으로 선택한 일에 의식을 집중합니다.

처음 선택한 것이 완결되었다면 이제 그것에서 손을 놓습니다. 내려놓는 것입니다. 그리고 다시 전체를 보고 다음 해야 할 것을 선택하고 집중합니다. 이것이 바로 '최적의 행동을 선택하는 프로세스'입니다. 이 프로세스를 반복하면 산더미같이 쌓인 일로 고통받는 일은 사라질 것입니다.

다음 장에서는 끌어안고 있는 것들을 어떻게 내려놓을 것인지, 그 방법에 대해 이야기해 보겠습니다.

지금까지의 인생을 다 내려놓으면 새로운 인생을 살 수 있습니다.

과거를 내려놓으면 미래가 다가옵니다.

제 2 장

끌어안고 있는 일과 이별하기

구체적인 행동 요령

'당장 해야 할 업무 이외의 것'과
이별하기

업무가 너무 많아 고민이라면 양을 줄이면 됩니다.

업무의 양을 줄이는 방법으로는 다음과 같은 것들이 있습니다.

- 일을 받지 않는다.
- 타인에게 일을 맡긴다.
- 업무속도를 높인다.

"말이야 그럴싸하지. 하지만 내게는 그럴 재량권도 없고 업무를 맡길 사람도 없다고."

이런 원성이 들리는 것 같습니다. 실제로 기업의 인력 부족 상태는 만성화되어 있습니다. 이런 상태에서는 개개인의 부담

이 커질 수밖에 없습니다. 아무리 고민해도 업무의 양이 줄어들수가 없는 겁니다. 업무의 양이 많은 원인이 인력 부족과 같은 것이라면 사실 별다른 방법이 없습니다. 그저 지금 하는 일에 집중할밖에 다른 방법이 없습니다.

그렇다 하더라도 '사람은 한 번에 한 가지 행동밖에 할 수 없다'는 원칙은 변하지 않습니다. 그러니 '당장 해야 할 일 이외의 것'은 일단 잊어버리세요.

다른 것이 신경 쓰인다면 다음과 같이 한번 해보세요.

1. 과거 집중해서 일을 하던 때를 떠올려본다.
2. 업무가 끝났을 때의 기분을 미리 상상해본다.
3. 과중한 업무로 인해 고통받는 상황을 상상하고, 그런 상태를 초래하고
   싶은지 자문자답해본다.
4. 업무를 원활하게 진행하는 방법을 구체적으로 상상해본다.
5. 최근에 즐겁고 두근거린 경험이 있다면 그때 일을 떠올려본다.
6. 즐거운 마음으로 당장 해야 할 일을 실시한다.

이 방법으로 기분 전환이 되고 기분이 좋아졌다면 이제 업무

를 시작합니다.

걱정을 하면서 일을 하면 생산성이 떨어집니다.

'당장 해야 할 업무 이외의 것'은 모두 내려놓고 즐거운 마음
으로 일해보세요.

'지금 할 수 없는 것'과 이별하기

"하고 싶은데 지금은 할 수 없다", "하고 싶지 않아서 지금은 할 수 없다"는 말들을 많이 합니다. 그런데 이런 말들에서 중요한 것은 "할 수 없다"는 것입니다.

- 능력이 부족해서 할 수 없다.
- 담당이 아니라서 할 수 없다.
- 지위가 아니라서 할 수 없다.
- 금지하고 있는 것이라서 할 수 없다.
- 의욕이 없어서 할 수 없다.
- 방법을 몰라서 할 수 없다.
- 조건이 만족되지 않아 할 수 없다.

할 수 없는 이유도 많습니다. 하지만 할 수 없어도 상관없습니다. 지금 할 수 없는 것이 명백하다면 그것들을 지금 당장 다 내려놓으세요.

일단 지금 할 수 없는 것은 포기하고 지금 할 수 있는 것을 찾으세요.

1. 능력이 부족하다면 능력을 키우기 위해 '지금 당장 할 수 있는 것'

2. 담당이 아니라도 현재 입장에서 '지금 당장 할 수 있는 것'

3. 지위가 아니라면 그 지위에 가까이 가기 위해 '지금 당장 할 수 있는 것'

4. 금지되지 않는 것 중에서 '지금 당장 할 수 있는 것'

5. 의욕을 불러일으키기 위해 '지금 당장 할 수 있는 것'

6. 조건을 만족시키기 위해 '지금 당장 할 수 있는 것'

지금 할 수 없다고 발을 동동 굴러도 의미가 없습니다.

지금 할 수 없는 것은 일단 내려놓으세요.

대신 지금 당장 할 수 있는 것, 가까운 시기에 가능할 만한 것에 초점을 맞추세요.

'타임 매니지먼트'와
이별하기

"너무 느려. 시간을 좀 더 잘 활용하라고. 타임 매니지
먼트 공부라도 좀 해!"

이런 말을 하는 사람이 있습니다. 시간을 잘 사용해서 방대한
일을 처리할 수 있다면 얼마나 좋겠습니까.

시간은 공간과 마찬가지로 인간에게는 수수께끼 그 자체입
니다. 오랫동안 많은 철학자들이 논의해온 주요 테마이기도 합
니다.

독일 철학자 칸트는 공간도 시간도 그 자체를 사용할 수는 없
다고 했습니다. 왜냐면 그것은 인간의 인식 카테고리에 해당하
기 때문입니다. 실제로 시간은 볼 수도 없고 만질 수도 없습니

다. 시계의 바늘이라는 물질이 이동을 계측하고 있을 뿐으로 우리가 시간의 본질 그 자체를 보고 있는 것은 아닙니다.

따라서 시간을 관리한다는 것은 말도 안 됩니다. '시간을 이용한다'고 하지만 실제로는 '시간당 행동'을 할 뿐입니다. 즉, 행동을 관리하고 있는 것입니다.

그러니 시간을 관리할 수 있다는 생각과 이별하세요. 그러면 당신의 의식이 어떻게 행동해야 할 것인지, 주어진 시간에 맞춰 어떤 행동을 할 것인지로 향하게 될 것입니다.

시간 외에도 관리가 불가능한 것이 있습니다.

바로 타인입니다. 타인은 내 마음대로 관리할 수가 없습니다. 데일 카네기는 《카네기 인간관계론(How to Win Friends and Influence People)》에서 다음과 같이 주장합니다.

"타인을 움직이게 하는 비결은 단 하나뿐이다. 스스로 움직이도록 만드는 것이 바로 비결이다."

인간은 자유의지를 가지고 있습니다. 행동은 본인의 의지에 의해서만 가능합니다. 타인을 지배할 수는 없는 것입니다. 다만, 자신의 행동을 컨트롤해서 타인이 스스로 행동하도록, 그런 마음을 자극할 뿐입니다.

'우선순위'와
이별하기

우선순위를 놓아버리세요.

우선순위 1위에 집중하는 사이 시간이 지남에 따라 2위 이하의 일들은 그 중요도가 바뀔 수 있습니다. 우리가 처한 상황이 시간이 지나면서 달라지기 때문입니다.

일단 일은 하나씩 처리해 나갑니다. 그리고 다시 전체를 조망하여 그 순간 가장 중요한 것을 선택합니다. 그렇게 하면 나머지 우선순위에 대해서는 일일이 생각할 필요가 없습니다. 매 순간순간 가장 중요한 항목을 처리하는 것입니다.

한 가지 일이 완료되면 다음 일을 선택하기 전에 다시 한 번 전체를 바라보고 상황을 파악합니다. 그리고 그 시점에서 가장 중요한 항목을 선택하고 실행합니다. 이렇게 전체를 조망하여 선택하고 실행하는 프로세스를 반복합니다.

그리고 매번 제로베이스에서 생각해 가장 중요한 항목 단 하나에만 100% 집중합니다.

당장 해야 할 일이 많아서 힘겹다면 모든 안건을 전체적으로 살펴보고 상황을 검토하세요. 그럴 때 눈을 가볍게 감고 잠시 멍하게 있는 것도 좋습니다. 그 순간 불현듯 마음에 떠오르는 것들에는 신경 쓰지 않습니다. 잠시 후 눈을 뜹니다. 그리고 자기 자신에게 질문을 합니다.

"무엇이 가장 중요한가?"

그 순간 떠오른 질문에 대한 답, 그것을 하면 됩니다. 그뿐입니다.

두 번째는 뭘까, 세 번째는 뭘까, 이런 것들은 생각할 필요가 없습니다. 지금 해야 할 것을 알게 되었다면 그것에만 집중하면 됩니다. 그 일이 끝날 때까지 다른 것은 아예 생각하지 않는 게 좋습니다. 그동안에는 '우선순위를 정해야 한다'라는 생각마저 내려놓습니다. 늘 가장 중요한 것만 생각하고 매진합니다.

'아직 시간이 있다' 는 마음과
이별하기

"마감이 없는 일이란 없다."

이런 말을 들어본 적이 있을 겁니다. 여기에서의 마감은 상품을 납품하거나 서비스를 제공하는 데 있어서 그것이 완료되는 시점을 말합니다. 마감이 있다는 말은, 다시 말해 우리가 사용할 수 있는 시간이 한정되어 있다는 말입니다.

보통 우리는 막연하게 '아직 시간이 있다'고 생각합니다. 하지만 이는 잘못된 생각입니다. 이런 생각도 많은 일을 떠안게 만듭니다.

가령 제출 마감이 2주 후인 서류가 있다고 합시다. 혹시 '아직 2주나 있다'고 생각하고 있지는 않습니까?

마감은 2주 후지만 사용할 수 있는 시간이 2주나 되는 것은 아닙니다. 무슨 말이냐고요? 그 서류를 위해 2주라는 시간을 완전히 다 사용할 수 있는 건 아니라는 말입니다.

우리는 잠도 자야 하고 출퇴근도 해야 합니다. 수면시간이나 통근시간이 필요한 것입니다. 또 식사나 목욕도 해야 하고 회식이나 각종 모임에도 참석해야 합니다. 그 외에도 상담, 회의, 다른 서류의 작성, 아이디어 제안 등 많은 업무를 해야 합니다.

그러면 2주에서 이러한 시간들을 빼면 해당 서류를 위해 실제로 사용할 수 있는 시간은 얼마나 될까요? 어쩌면 한 시간씩, 그마저도 두 번밖에는 사용하지 못할 수도 있습니다. 결국 마감은 2주 후지만 그 서류를 위해 내가 사용할 수 있는 시간은 2주 동안 두 시간밖에 되지 않는다는 말입니다.

그러므로 단순히 날짜만 계산해서는 안 됩니다. 그 기간 중에서 실제로 사용할 수 있는 시간을 계산해야 합니다. 할애할 수 있는 시간은 유한하다는 것을 명심하세요. 시간이 무한대로 있다고 착각하거나 막연하게 그렇게 생각해서는 결코 안 됩니다.

그러니 이제 '아직 시간이 있다'는 생각과 이별하세요.

'질보다 속도'라는 생각과
이별하기

"질보다 속도다. 어쨌든 빨리 움직여!"

자주 듣는 말입니다.

사실 업무에서는 스피드가 무엇보다 중요합니다. 품질을 올려도 마감을 지키지 않으면 의미가 없습니다. 회사는 완벽함을 추구하다가 스피드가 떨어지는 것보다 80% 정도의 완성도로 신속하게 진행시키는 것을 더 높이 평가합니다. 그러나 스피드에만 신경을 쓰다 보면 중요한 것을 놓치게 됩니다.

그런데 스피드에 관해 세 가지 큰 오해가 있습니다.

첫 번째 오해는 '가능한 신속하게 착수하는 게 좋다'는 생각입니다.

간혹 무조건 빨리 착수하겠다는 생각이 높게 평가받기도 합니다. 그러나 이런 생각을 업무에 반영하면 큰일이든 작은 일이든 상관없이 눈앞의 일을 바로 하게 됩니다. 중요한 일이 나중으로 밀려버릴 수도 있습니다. 그래서 그렇게 되지 않으려면 '지금 무엇을 해야 하는가'를 늘 생각해야 합니다.

어떤 일부터 시작해야 하는지는 그때 어떤 일을 하고 있는지에 따라 바뀝니다. 적절한 시기에 시작해서 최적의 시기에 마치는 것이 중요합니다. 일의 중요도와 관계없이 닥치는 대로 시작해서는 안 되는 것입니다.

두 번째 오해는 '빨리 해야 한다'는 생각입니다.

'빨리 빨리'라는 생각에 매사에 서두르는 사람이 있습니다. 자기 마음이 급하면 시간의 흐름도 바뀌는 것처럼 느낍니다. 그래서 단시간에 많은 일을 할 수 있을 거라고 생각합니다.

그러나 아무리 빨리 해도 한계가 있습니다. 또 급하게 서두르면 마음이 진정되지 않고, 실수도 많아집니다. 기대만큼의 성과도 내기 어렵습니다. 스피드를 올리는 것과 서두르는 것은 다르다는 것을 알아야 합니다.

세 번째 오해는 '빨리 끝내면 좋다'는 생각입니다.

물론 빨리 끝내는 것만큼 좋은 것도 없습니다. 그러나 무엇을 위해 빨리 끝내야 하는지 잠시 진정하고 생각을 추슬러봅니다. 마감에 맞추려면 서둘러야 합니다. 그러나 추구하는 질과 양은 일마다 다릅니다. 그리고 마감에 맞는 최적의 스피드도 있습니다.

급할수록 돌아가라.
Haste makes waste.

이 속담처럼 서두르다가 품질이 떨어지면 그것 또한 본말전도입니다. 요구된 양과 질을 만족시키면서 최단 기간에 마무리를 지어야 진정으로 서두른 의미가 있는 것입니다.

서두르는 것과 허둥대는 것은 본질적으로 다릅니다. 그래서 무조건 서두르는 것은 무의미합니다. 최소한의 노력으로 질과 양을 만족시킬 때 업무는 빨리 끝납니다. 즉, 적절한 양과 질을 파악해서 무리하지 않으면서 쓸데없는 행동이 없어야 하는 것입니다.

'최적'이라는 것에 절대적인 기준은 없습니다. 업무와 사생활,

의뢰인과 제공자는 그 원하는 바가 각각 다릅니다. 따라서 관점을 전환해서 다시 전체적으로 조망하고 판단할 필요가 있습니다.

그러니 질보다도 스피드가 중요하다든지, 무조선 신속하게 일을 처리해야 한다는 착각은 내려놓으세요.

'멀티태스크'와
이별하기

요즘은 컴퓨터 사용이 보편화되면서 동영상을 보는 동시에 워드를 작성하거나 표를 만들거나 계산을 하는 게 어려운 일이 아닙니다. 이처럼 여러 가지 일을 동시에 하는 것을 '멀티태스크'라고 합니다.

실제로 유능한 사람은 손쉽게 몇 가지 일을 동시에 하고 있는 것처럼 보입니다. 그리고 멀티태스크가 가능한 사람을 대단하다고 여깁니다. 사실 대부분의 사람이 멀티태스크를 하고 있습니다. 회의에 참석하고 있는 채로 이메일에 답장을 하거나 전화를 하고 있으면서 문서를 작성하는 것처럼 말입니다. 하지만 멀티태스크는 결코 쉬운 일이 아닙니다.

멀티태스크로 일을 하자는 마음을 내려놓으세요.

한 가지 일에 100% 집중하면 질과 속도가 향상됩니다. 여러 가지 일을 동시에 해서는 집중할 수 없습니다. 물론 의식적으로 해야 할 일과 별 생각 없이 해도 되는 일의 조합이라면 동시에 가능할 수도 있습니다. 말을 하면서 단순작업을 하거나 BGM을 들으면서 업무를 하는 것처럼 말이지요. 그러나 고도의 능력을 요구하는 지적 노동은 동시에 할 수 없습니다.

가령 자동차를 좋아해서 페라리와 람보르기니를 소유하고 있는데, 지금 페라리를 직접 운전하고 있다고 합시다. 그런데 갑자기 람보르기니도 타고 싶다고 해서 동시에 두 대를 운전할 수 있을까요? 불가능합니다. 페라리에서 내려 람보르기니에 타야 합니다. 자동차 두 대를 동시에 소유할 수는 있지만 두 대를 동시에 운전할 수는 없습니다.

물론 동시에 가능한 일도 분명 있습니다. 드러머라면 복수의 타악기를 동시에 연주할 수 있습니다. 왜냐면 복수의 일이 하나의 일로 변환되어 처리되고 있기 때문입니다. 또한 익숙해서 의식적으로 생각하지 않아도 가능하기 때문입니다.

업무의 질과 속도를 향상시키고 싶다면 처음부터 한 가지에만 집중하세요. 그러면 집중력은 높아지고 일의 품질도 향상됩니다. 소요시간 단축도 가능합니다. 빨리 처리되면 다음 일을 처리할 시간도 생깁니다.

만약 다급해져서 동시에 해야겠다고 생각이 든다면 '여러 개를 할 수 없다'는 것을 떠올리세요. 동시에 하기보다는 차라리 도움을 구하거나 담당을 바꾸세요.

우리는 컴퓨터가 아닙니다. 그러니 '멀티태스크'를 포기하고 하나에만 집중하세요. 원래 컴퓨터도 실제로는 한 번에 하나만 가능합니다. 처리속도가 빨라서 동시에 여러 가지 일을 처리하고 있는 듯 보일 뿐입니다.

동시에 하지 않겠다고 마음먹으면 행동은 단순해지고 마음도 심플해지며 불안도 줄어듭니다.

'성실하게 완벽하게' 와
이별하기

성실한 사람은 매사에 적당히 하는 법이 없습니다. 그래서 업무를 많이 끌어안고 있기 십상입니다.

'적당히'라는 말에는 두 가지 의미가 있습니다.

첫 번째는 '대충 하기'입니다. 그런데 성실한 사람은 '대충 하기'를 너무 싫어합니다.

두 번째는 '최적의 양과 질' 또는 '과부족이 없음'입니다. 바로 '최적화된 상태'를 의미하기도 하는 것입니다.

당신이 '대충 하기'를 싫어해서 성실하게 일을 제대로 해냈다고 합시다. 효율적으로 처리했고, 최적화도 이뤘습니다. 그렇지만 동료나 타 부서 사람과의 연계에 있어서는 최적화되지 않았을 수도 있습니다. 전체가 아닌 당신 혼자만 최적화되어서는 소용없습니다. 때로는 전체를 보고 '적당히' 하는 편이 좋은 경우도 있는 것입니다.

가령 어떤 업무를 하고 있는데 납기일이 모레라고 합시다. 당신은 야근에 철야까지 해서 겨우 납기일을 맞췄습니다. 그런데 납품처에 문제가 발생해서 업무가 정체되어 버렸습니다. 결국 당신이 고생해서 완성해놓은 그 일은 일주일이나 묵혀 있어야 했습니다.

이런 경우 야근에 철야까지 한 보람이 없습니다. 그런데 만약 납품처의 상황을 파악해두었더라면 어땠을까요? 무리해서 철야까지 할 필요는 없었을 것이고, 그 사이에 다른 일을 할 수도 있었을 것입니다.

일을 할 때 전체적인 흐름 속에서 '적당히 하기'가 중요한 이유가 바로 여기에 있습니다.

눈앞의 일에 집중하는 것도 중요합니다. 하지만 좁은 시야로 판단하면 결과적으로 무리하게 되고, 에너지를 쓸데없이 소비하게 됩니다.

'나는 희생해도 상관없다'는 생각을 하면 전체적인 균형을 잃게 됩니다.

'언제라도 행동할 수 있다'와
이별하기

마음에 여유가 있다는 것은 좋은 일입니다. 그런데 가끔 이 생각으로 치명상을 입기도 합니다. 가령 '언제라도 행동할 수 있다', '지금이 아니어도 된다'는 착각에 빠지는 것입니다.

언제라도 행동할 수 있다고 생각하면 지금 당장 해야 할 일을 연기해버릴 가능성이 있습니다. 어제도 내일도 아니고 '지금' 해야 할 일이란 무엇일까요? 그렇습니다. 두말할 것도 없이 가장 중요한 일일 것입니다. 사전에 예정되어 있던 중요한 일일 것이고, 가장 급한 일일 것입니다. 이것을 인식하고 있다면 지금 당장 해야 할 일에 집중할 수 있습니다.

언제라도 행동할 수 있고 지금이 아니어도 된다고 생각하면 지금 당장 해야 할 일이 무엇인지 모르게 됩니다. 그러면 지금 당장 하지 않아도 되는 일을 하게 될 가능성이 높습니다. 나중에 해도 되는 일이라면 일부러 지금 할 필요가 없습니다. 중요한 일을 뒤로 미뤄가면서까지 지금 하지 않아도 좋은, 해도 되고 안 해도 되는 일을 해버릴지도 모릅니다.

'언제라도 행동할 수 있다'는 얼핏 보면 여유로 보입니다. 하지만 실상은 그렇지 않습니다. 기일을 정하지 않고 '언젠가 하자'는 태도를 취하면 그 일은 영원히 할 수 없습니다.

행동할 수 있는 타이밍은 '지금'뿐입니다. 행동할 기일을 결정할 수 있는 것도 지금뿐입니다. 언제라도 행동할 수 있다고 생각하지 말고 지금 당장 행동하세요.

'근성으로 일하기'와
이별하기

"근성으로 하자."

"스케줄이 벅차지만 열심히 하자."

이런 생각들 때문에 많은 업무와 문제를 떠안게 됩니다.

원래 스케줄을 짠다는 것은 마감까지 사용할 수 있는 시간을 배분하는 것입니다. 이때 중요한 것은 마감일이 아닙니다. 중요한 것은 '개시 기한', 즉 일을 시작하는 시기를 정하는 것입니다. 이것만으로도 미루는 습관이 사라집니다.

이를 위해서는 그 일이 어느 정도 시간이 걸릴지 예측해야 합니다. 그런 다음 그 예측에 맞춰 개시 기한을 결정합니다. 그리고 그 개시 기한을 지키는 것부터 시작하는 것입니다.

시작 전이라도 해당 업무에 대해 아이디어가 떠오르면 메모를 합니다. 메모를 하면서 과제가 해결될지도 모릅니다. 메모를 하되 정해두었던 개시기한이 되면 반드시 행동을 시작합니다. 그래야만 계획했던 스케줄이 꼬이지 않습니다.

상사는 고객과의 약속을 우선합니다. 그래서 아주 무리한 스케줄을 요구할지도 모릅니다. 그럴 때야말로 평소의 예측과 검증이 빛을 발합니다. 당신이 예측해봤을 때 그 요구에 무리수가 있다고 판단되면 일단은 최선의 방법을 찾아봅니다. 그런데 아무리 최선을 다해도 불가능하다고 판단되면 한시라도 빨리 상사와 상담해야 합니다. 혼자서 떠안지 말고 보충할 방법이 없는지, 다른 방법이 없는지 함께 찾아봐야 하는 것입니다.

이미 예정된 스케줄과
이별하기

무슨 일이든지 '바로 한다', '열심히 한다'고 다짐할 것이 아니라 한 번쯤은 제로베이스에서 생각해봅니다. 그러려면 '이미 예정된 스케줄'을 내려놓아야 합니다.

계획하고 결정한 대로 스케줄을 진행해나가는 것도 나쁘지 않습니다. 하지만 긴급한 상황이 닥치면 사전에 계획한 스케줄은 다 소용없습니다. 스케줄을 잡은 시점에서는 기대감이 있었지만 막상 실행단계가 되자 전혀 매력이 느껴지지 않는 경우도 있습니다.

세상은 단 한순간도 쉬지 않고 늘 변화하고 있습니다. 당신도 예외가 아닙니다. 계획을 세웠던 시점부터 현재까지 시간의 흐름과 함께 세상도 당신도 변하게 됩니다.

일을 하고 있는 중에도 앞으로의 스케줄은 점점 채워지고 있습니다. 인터넷으로 스케줄을 공유하고 있는 사람들 가운데는 자신의 의사와는 상관없이 비어 있던 시간대에 약속이나 업무가 채워지는, 즉 자신의 스케줄이 타인에 의해 결정되는 것을 자연스럽게 받아들이는 사람까지 있습니다.

자, 이제부터는 기존의 것들을 모두 버리고 '무제약 스케줄'을 세워보세요.

무제약 스케줄 짜기

① 일주일의 예정을 전부 지우고 다시 생각해보자

만약 이번 주에 아무 예정도 없다면 어떻게 보내고 싶은지 생각해봅니다. 생각나는 대로 스케줄을 정하는 것이 중요합니다. 이런 경우 자신이 그다지 중요하지 않다고 생각하는 일들은 대체로 생각나지 않습니다. 반면에 상당히 중요하다고 생각하는 일은 순간적으로 떠오릅니다. 그러면 생각이 나는 대로 스케줄표에 써넣습니다. 그러고도 시간에 공백이 있다면 그 시간에 진짜

하고 싶은 일을 씁니다. 이를 '무제약 스케줄'이라고 합니다.

② 넣고 싶은 예정을 실제 스케줄에 넣어본다

일주일간의 스케줄을 다 채우고 나면 실제로 주어진, 그래서 해야 할 일들을 확인합니다. '무제약 스케줄'과 실제 스케줄을 비교하는 것입니다. 그러면 실제와 무제약의 스케줄이 부딪치는 경우가 많이 발견될 것입니다.

③ 이미 예정된 스케줄을 검토한다

이제 이미 예정된 스케줄을 그대로 따를 것인지에 대해 생각해봅니다. 무조건 취소하라는 건 아닙니다. 다만, 진짜 필요한 것이 무엇인지 자신에게 질문해야 합니다. '그래도 역시 필요하다'고 생각되면 그 예정된 스케줄이 한층 더 의미 있기 위해서는 무엇이 필요한지 생각해봅니다.

예정되어 있다고 막연히 그 스케줄을 소화해서는 안 됩니다. 면밀한 검토 없이 스케줄대로 움직였다가는 하나의 시간에 두세 가지 일들이 겹칠 수도 있기 때문입니다.

④ 의미가 없으면 취소하거나 변경한다

만약 의미가 없다고 여겨지면 과감하게 취소하세요. 그것이 누군가와의 약속이라고 해도 다른 일정으로 바꾸세요.

예정된 것을 바꾸는 게 탐탁지 않을 수 있습니다. 또 일단 잡힌 약속은 반드시 지켜야만 신뢰를 쌓아갈 수 있다고 생각할 수도 있습니다.

어떻게 할 것인지는 본인에게 달려 있습니다. 하지만 어떻게 살고 싶은지, 어떻게 지내고 싶은지, 어떤 가치를 중요하게 생각하는지에 따라 우리의 행동이 달라집니다.

'어떻게 하고 싶은가'에 답하는 것, 그것이 바로 '무제약 스케줄'입니다.

제 3 장

자기를 못살게 구는
착각과 이별하기

사고의 틀을 바꾸는 구체적인 요령

'버려야 한다'와
이별하기

사람은 한 번에 한 가지 일밖에 할 수 없습니다. 혹시 동시에 몇 가지 일을 할 수 있는 사람이라고 해도 한정된 몇 가지 일밖에 할 수 없습니다. 그러면 한 번에 한 가지 일밖에 할 수 없다는 말은 그것 외의 것은 포기하라는 말일까요?

어떤 사람은 난폭하게도 "다 버려!"라고 합니다.

"회사 명령인데 어떻게 버려!"

그렇습니다. 버릴 수 없습니다.

전부 해야만 한다는 지시를 받았기 때문입니다. 그래서 고민이 됩니다. '버리는 건 무섭다', '버리기에는 아깝다'와 같은 감정이 생기기도 합니다.

'버리다'에는 영원한 이별을 느끼게 하는 무언가가 있습니다.

두 번 다시 가질 수 없다는 의미로 받아들여집니다. 그래서 아깝기도 하고 아쉽기도 합니다. 그러다 보니 더 버리지 못하게 됩니다.

그러니 생각을 바꿔보세요. '버리다'가 아니라 '내려놓다'로 말입니다. 그리고 말 그대로 내려놓는 것입니다. 내려놓는 것은 버린다는 의미가 아닙니다. 쓰레기는 버릴 수 있지만 중요한 것은 버릴 수 없습니다. 하지만 소중한 것, 비싼 것이라도 내려놓는 건 가능합니다. 소중하고 중요하게 다루면서 내려놓는 것입니다.

중요한 일과 중요한 인간관계는 버릴 수 없습니다. 하지만 필요할 때 다시 잡을 수 있다고 생각하면 마음이 편해집니다. 주의가 산만해질 정도로 이런저런 게 많은 상태라 하더라도 집중은 중요한 그 1%에 하는 것입니다.

집중은 '하나'를 선택해서 하는 것이지 그 외의 것을 버리는 게 아닙니다. 단지 잠시 동안 내려놓을 뿐입니다.

지금 할 필요가 없는 것은 그냥 옆에 놔두고 지금 해야 할 일에 전력을 다하세요.

그렇게 하면 업무의 질도 높아지고 예상 밖의 성과도 올릴 수 있습니다.

'자신의 관점'과
이별하기

일을 끌어안고 있는 사람은 자신만의 관점에 얽매여 있는 경우가 많습니다.

"내가 맞다. 이것뿐이다."

이런 생각을 고집한다면 문제가 발생했을 때 해결할 수 있는 방법이 한정될 수밖에 없습니다. 그럴 때는 자신의 관점을 내려놓고 타인의 관점에서 다시 바라봅니다. 가장 좋은 것은 상사의 관점입니다. 일이 너무 많아 힘들 때 상사의 말을 곱씹어보는 것입니다.

"그런 것은 5분 만에 할 수 있잖아!"

"머리를 써, 머리를!"

"시간이 없으면 밤에 자면서라도 생각을 해!"

이런 말을 들으면 불만이 올라옵니다.

'말이야 쉽지. 정작 일을 하는 건 나고, 이미 충분히 힘들다고. 상사라고 너무 쉽게 생각해.'

그러다 보면 이런 말을 내뱉고 싶어집니다.

"할 수 있으면 부장님이 직접 하십시오!"

하지만 입 밖으로 내뱉었다가 진짜 상사가 해내면 회사 내에서 당신의 존재가 시험대에 오르게 됩니다. 그러니까 죽더라도 상사에게 "당신이 해"라는 말은 할 수가 없습니다.

상사는 당신이 맡고 있는 일을 아주 쉽게 생각하지만 당신은 힘들다고 생각합니다. 이 차이는 어디에서 오는 것일까요?

같은 안건이지만 관점이 전혀 다릅니다. 동일한 안건이라도 관점이 다르면 보이는 것도 다릅니다. 관점이라는 것은 대상을 바라보는 입장과 눈높이를 말합니다. 어떤 입장에서, 어떤 눈높이에서 보는가에 따라 대상이 달라진다는 의미입니다.

상사와 부하직원의 관점은 다음 세 가지에서 차이를 보입니다.

1. 상사의 눈높이는 부하직원보다 높다

상사의 눈높이는 부하직원의 그것보다 확실히 높습니다. 마치 미로 속을 걷고 있는 사람과 망루에서 미로를 내려다보는 사람의 차이 같습니다. 상사가 너무나 쉬운 듯 말하는 것은 눈높이가 높기 때문이고, 그래서 해답이 거의 보이기 때문입니다

2. 상사의 정보량은 부하직원보다 많다

상사는 눈높이가 높을 뿐만 아니라 취합할 수 있는 정보의 양도 많습니다. 특히 상사는 이전에 경험한 일이나 오랜 경험으로 예상 가능한 일들에 대해 대부분 "쉽다"고 말합니다.

상사가 어떤 안건에 대해 부하직원인 당신보다 더 많은 정보를 가지고 있다면 대체로 상사의 의견이 보다 정확할 수 있습니다.

그러나 시시각각으로 변하는 오늘날에는 상사라 하더라도 경

험하지 못한 업무가 많을 수밖에 없습니다. 부하직원이라 하더라도 상사보다 많은 정보를 가지고 있을 수 있고, 그런 경우 상사의 판단이 잘못되었다면 정확하게 지적할 수 있습니다. 단, 이때에는 당신과 동등한 인식에 이를 수 있도록 충분한 정보를 제공해야 합니다. 그렇지 않다면 상사와 당신의 견해차이는 좁혀지지 않을 것입니다.

3. 상사의 시야는 부하직원보다 넓다

상사는 해당 부문의 책임자로서의 입장도 가지고 있지만, 지금까지 쌓은 경험은 물론이고 부하직원이 어떤 일을 잘하는지, 그 업무가 어떤 일인지에 대한 정보도 많이 가지고 있습니다. 그렇기 때문에 상사의 시야는 부하직원보다 넓기 마련입니다. 다시 말해 상사는 업무와 업무를 둘러싼 상황을 종합적으로 볼 수 있다는 것입니다.

자신의 관점에서 벗어나 상사의 관점에서 업무를 종합적으로 바라보시기 바랍니다. 분명 새로운 발견을 하게 될 것이고, 돌파구를 찾게 될 것입니다.

'편하게 일하기'와
이별하기

일을 할 때 여유를 부리고, 열심히 하기보다 자기 몸만 아끼는 사람이 더러 있습니다.

"업무의 효율화 따위 다 쓸데없어. 천천히 하는 편이 좋아."

힘들게 일하는 것보다 편하고 싶다는 마음에서 비롯된 태도가 아닐까 합니다.

누구나 편하게 일하고 싶어 합니다. 하지만 일부러라도 한 번쯤 '일을 편하게 하고 싶다'는 생각을 내려놓으세요.

편하게 일하자면 소극적으로 움직일 수밖에 없고, 그러다 보면 일이 점점 재미없어집니다. 나중에는 아예 싫어질지도 모릅니다. 무엇을 위해 지금의 일을 하고 있는지조차 모르게 될 가능성이 있습니다.

얼마 전에 어떤 분과 대화를 나눴습니다. 주제는 '왜 일을 하는가?'였습니다. 그때 필자는 이렇게 말했습니다.

"일이란 이 세상을 보다 좋게 만들기 위한 것이 아닐까요?"

'편한 일인가?', '어떻게 해야 일을 편하게 할 수 있는가?'는 그 다음 문제입니다.

그런데 고객과 관련된 일이라면? 적어도 비즈니스를 하는 사람이라면 알 것입니다.

비즈니스는 고객을 만족시켜야 한다는 목적이 있습니다. 고객이 만족하지 않는, 즉 인기가 없는 상품은 팔리지 않기 때문입니다. 하지만 이 목적 위에는 더 좋은 세상을 만든다는 큰 목적이 있습니다. 바로 고객을 만족시켜 기쁘게 함으로써 더 좋은 세상을 만들어가는 것입니다.

'논리적으로 사고해야 한다'와
이별하기

논리적 사고는 비즈니스맨에게 꼭 필요한 덕목입니다. 실제로 우수한 비즈니스맨은 논리적으로 사고합니다. 그리고 그의 말에는 설득력이 있고, 의표를 찌르는 무언가가 있습니다. 그래서 협상이 유리하게 전개되지 않을까 하는 기대를 갖게 합니다.

논리적인 사고는 타인을 끌어들이는 데 중요한 역할을 합니다. 하지만 사안 하나하나까지 논리적으로 이해하려고 하면 행동이 늦어질 수밖에 없습니다. 논리에 지나치게 얽매여서 행동할 수 없다면 논리적으로 사고해야 한다는 생각을 내려놓아야 합니다.

논리를 내려놓았다면 무엇을 무기로 행동해야 할까요? 바로 직감입니다.

직감은 논리를 초월합니다. '왠지 괜찮은 느낌!'이나 '잘 풀릴 것 같다!'와 같은 생각이 직감인데, 이는 매일 접하고 있는 다양한 정보를 무의식과 경험으로 분석하는 것입니다.

우리는 자고 있는 사이에도 정보를 처리합니다. 무의식 영역에서도 다양한 일들이 일어나고 있는 것입니다. 그리고 그것이 직감을 도출해냅니다. 단, 직감을 타인에게 설명하기 위해서는 논리가 필요합니다.

행동하는 데 이유 따위는 필요 없습니다. 그러나 행동에 대해 설명할 때에는 논리가 필요합니다.

"이 상품의 색이 왜 빨강습니까?"

프레젠테이션 중에 질문을 받은 디자이너는 논리적으로 답을 해야 합니다. 그런데 애초에 디자이너는 직감으로 빨강을 선택했습니다. 그렇다고 직감 때문이라고 답할 수는 없습니다. 그래서 왜 빨강을 선택했는지에 대해 그럴싸한 논리를 만들어냅니다.

세상을 움직이기 위해서는 논리가 필요하지만 그 논리에 사로잡혀 행동하지 못한다면 그것은 본말전도입니다. 논리적으로 생각하는 것이 중요한 것이 아닙니다. 직감으로 행동하고 논리적으로 설명해서 세상을 움직이는 것이 중요합니다.

'승진 및 승급'과
이별하기

일이 많아 고민인 사람들 중에는 승급이나 승진에 얽매여 있는 이들이 많습니다. 이들은 이미 충분히 많은 일을 하고 있고 그 때문에 고민이면서도 더 힘든 일을 찾아서 하려고 합니다. 또 스피드와 마감을 우선시하면서도 양과 질을 포기하지 못해 필사적으로 일에 매달립니다. 만약 당신이 그런 사람이라면 승진이나 승급을 내려놓기를 권합니다.

　많은 업무량을 완수하면서 질까지 향상시킨다면 회사에서 당신의 가치가 올라가는 것은 당연합니다. 또 기업으로서도 유익한 일임에 틀림없습니다. 그러니 그 노력은 인사고가, 승급, 승진으로 이어지기 마련입니다. 그래서 많은 사람들이 '열심히 하면 보답을 받는다', '틀림없이 대우가 개선된다'는 등의 기대를

안고 노력하고 있습니다.

그러나 그 노력이 당신의 수입이나 지위의 상승으로 반드시 이어진다는 보장은 할 수 없습니다. 승급이나 승진은 자신의 의지만으로 되는 게 아닙니다. 회사의 가치를 향상시키는 데 그칠 수도 있다는 말입니다.

중요한 것은 당신의 노력에 고객이 기뻐하느냐 아니냐 하는 것입니다. 그러니 회사 내부에서 외부로 시선을 옮기고 사내의 '승급과 승진'을 내려놓으세요. 어떻게 하면 고객을 기쁘게 할지, 회사의 대외적인 가치를 높일 수 있을지에 대해 생각하세요. 그런 다음 작은 것부터 하나씩 행동으로 옮기는 겁니다.

일의 양과 질을 향상시키고 업무의 가치를 높이며 동시에 나 자신의 가치까지 상승시키려면 무엇을 어떻게 하면 좋을까, 그리고 그것을 실현하기 위해 무엇을 해야 할까 하는 것을 늘 생각하세요. 그러면 틀림없이 답이 보일 것입니다.

'성공에 대한 집착'과
이별하기

"성공 따위 무리다."

이렇게 말하면서도 속으로는 '성공'을 꿈꾸고 있는 사람이 많습니다.

그런데 지나치게 성공에 집착하면 오히려 성공에서 멀어집니다. 의식이 행동으로 향하지 않고 굼뜨게 만들거나 오히려 행동을 단념하게 만들기 때문입니다. 성공하려고 결심했다면 성공에 대한 집착을 내려놓으세요.

성공이란 당신의 목표가 달성되었다는 증거이자 결과입니다. 성공을 하든 실패를 하든, 달성을 하든 못 하든 결과는 행동하지 않으면 알 수 없습니다. 마치 '실험'처럼 말입니다.

세기의 발견이라고 할 만한 연구발표가 있었습니다. 어떤 세포를 발견했다는 것이 주제였습니다. 그런데 이 발표가 있자 실험이 성공적이었네 아니네 하는 논란이 일어나면서 연구결과도 부정되었고, 연구자도 비난을 받았습니다. 비난한 사람들 중에 토머스 에디슨이 있었다면 "○○세포를 만들 수 없는 원인을 발견했다"고 했을 정도의 사건이었습니다.

하지만 지금 실패했다고 앞으로도 계속 실패할 거라고 단정할 수는 없습니다. 진짜로 어떤 세포를 발견하고 싶다면 당장의 결과에 포기하지 말고 연구를 계속해야 합니다. 그리고 마침내 실험에 성공했다면 그 증거를 당당하게 밝힐 수 있어야 합니다.

당신의 인생은 누구를 위한 것입니까? 우리는 평생 자기 자신을 알기 위해 도전하고 실험합니다. 성공과 실패 그 어느 쪽이든 그것은 귀중한 실험의 결과입니다. 자기 자신 속의 다양함 중 한 측면을 발견하는 프로세스의 연속이라는 점에도 변함없습니다.

결과를 의식하면서도 실패를 두려워하지 않고 과감하게 도전해나가야 합니다. 그러기 위해서라도 당장 '성공에 대한 집착'을 내려놓고 행동에 집중해야 합니다.

'못하는 분야를 극복하자'와 이별하기

잘 못하는 것을 극복해야 한다는 생각에게 이별을 고하세요.

우리는 어릴 때부터 잘 못하는 걸 극복해야 한다고 들어왔습니다. 귀에 딱지가 앉을 정도로 말입니다.

중학교와 고등학교 때 담임 선생님은 부모님과 면담을 하곤 합니다. 그때마다 선생님은 부모님께 잘하는 과목은 놔둬도 되지만 못하는 과목은 점수를 올려야 한다고 조언합니다. 그리고 어떻게 해야 부진한 과목에서 점수를 올릴 수 있는지에 대해서도 조언합니다. 어떤 학원의 TV CF에서는 학생 모델이 등장해서 "자신의 약점을 알게 되어서 좋다"는 의견을 소개하기도 합니다.

이런 생각들이 어릴 때 머리에 박히게 되면 어른이 되어서도 저도 모르게 '못하는 것은 그냥 놔둬선 안 된다. 극복해야 한다' 라고 생각하고 됩니다. 참 골치 아픈 상황입니다.

이제는 부디 '잘 못하는 분야를 극복하자'는 생각을 내려놓으세요.

못하는 분야가 있다면 솔직하게 '못한다'고 인정하세요. 그리고 '못하는 분야지만 열심히 해서 달성해내자'는 생각을 내려놓으세요. 못하는 분야에 기를 쓰고 매달릴 필요는 없습니다.

만약 아무런 제약도 없다면?

무엇을 어떻게 하고 싶으신가요?

좋아하고 잘하는 분야에서 실력 이상의 능력을 발휘하고 싶지는 않으세요?

또 좋아하고 잘하는 것이 모두에게 도움이 된다면 어떤 기분이 들까요?

과연 당신은 잘하지 못하는 분야에서 성공하기를 바라십니까?

상상해봅시다.

'이곳은 남극이다'라고 말입니다.

혹한의 대지에서 한 남자가 펭귄에게 말을 걸고 있습니다.

"우리나라 말로 해!"

남자는 몇 번이나 반복해서 펭귄에게 같은 말을 합니다.

하지만 펭귄은 남자의 말에 신경도 쓰지 않습니다. 그러다 이내 바다로 들어가 버립니다.

참으로 우습고 해괴한 광경입니다.

펭귄은 혹한의 대지에서 살고 있으며 말을 할 필요도 없고 말을 하려고 노력할 필요도 없습니다. 하지만 펭귄은 펭귄만의 특기를 가지고 있습니다.

마찬가지로 그 누구도 당신에게 남극에 살라고, 스스로 바다로 들어가 물고기를 잡아먹으라고 요구하지 않습니다. 여러분은 인간이지 펭귄이 아니니까요.

혹시 주변에 여러분이 잘 못하는 분야에서 활약할 것을 요구하는 사람이 있습니까? 만약 있다고 해도 그 기대에 부응할 필요는 없습니다. 그 분야를 잘하는 사람이 있을 것이고, 그 사람에게 맡기면 되니까요.

여러분은 자신이 좋아하고 잘하는 분야에서 활약하면 됩니다. 잘하지 못하는 분야를 어떻게든 하려고 하기보다는 자신이 좋아하는 것, 잘하는 것을 해서 자신의 강점을 더욱 강화시키세요.

'나만 열심히 하면'이라는 생각과 이별하기

새는 날갯짓을 해서 하늘을 날아다니지만 하늘이 없다면 날 필요가 없습니다. 돌고래는 전신을 움직여 헤엄치지만 바다가 없다면 헤엄칠 필요가 없습니다.

우리도 마찬가지입니다. 사회에서 열심히 생활하고 있습니다. 하지만 사회, 조직, 거래처, 고객, 이런 것들이 없다면 일할 필요도, 또 열심히 할 필요도 없습니다.

그런데 우리는 무의식중에 혼자서 열심히 합니다. 물론 이 무의식 덕분에 성과를 올리기도 합니다. 그러나 대부분 막막한 상황에 맞닥뜨리게 됩니다. 심하면 실패를 경험하게 될 수도 있습니다. 그러니 '나 혼자 열심히 하겠다'는 생각을 내려놓으세요.

혼자서 할 수 있는 일이란 뻔합니다. 특히 업무는 타인과의 연대, 협력, 협동, 공감이 없으면 해나가기 어렵습니다.

지혜가 부족하면 누군가에게 빌리면 됩니다. 자금이 없으면 투자해 줄 사람을 찾으면 됩니다. 기계나 시스템이 대신할 수 있다면 이용해야 합니다. 혼자서 다 하겠다는 마음을 버리고 세상을 내 편으로 만들어가야 합니다. 혹여 잘 풀리더라도 사람은 혼자 살아갈 수 없습니다.

보다 더 큰 힘을 발휘하기 위해서는 다른 사람과 협력하고 협동해야 합니다. 서로 도와야 합니다.

빨리 가려면 혼자 가고 오래 가려면 함께 가라는 말이 있습니다. 혼자보다는 둘이 좋습니다. 가족도 그렇습니다. 프로젝트도 그렇습니다. 처음부터 누군가와 손을 잡고 시작하세요. 그러면 큰일을 해낼 수 있습니다.

제 4 장

행동을 저해하는 감정과 이별하기

마음과 감정을 다스리는 구체적인 방법

'모든 것을 잃을지도 모른다'와
이별하기

'내려놓으면 모든 것을 잃어버리는 게 아닐까?'

이런 생각에 불안해하고 있지는 않습니까? 그러나 내려놓아도 할 일은 많습니다.

한 손으로 한 번에 잡을 수 있는 양은 아주 적습니다. 반면 잡고 있는 손바닥 밖의 주변 공간은 무한대의 우주까지 이어집니다. 우리들이 잡고 있지 않은 반대쪽이 무한한 것입니다. 그런데 왜 우주처럼 무한하고 큰 것은 보지 않고 손으로 잡고 있는 작은 것에 집착합니까?

잡고 있는 것을 내려놓고 다른 것을 잡으면 훨씬 더 많은 것을 잡을 수 있습니다. 그래서 내려놓아야 하는 것입니다.

성공한 사람은 잘 '내려놓는' 사람입니다. 성공한 경험을 내려놓고, 실패에 대한 공포를 내려놓고, 불안감을 내려놓고, 적절하지 않은 인간관계를 내려놓습니다.

내 삶을 누르고 있는 제약들로 자유롭지 못하다면 그것은 제약들을 내려놓지 않고 붙들고 있기 때문일지도 모릅니다. 하지만 사실은 당신에게는 언제든 그 제약들을 내려놓을 수 있는 자유가 있습니다.

TV나 영화 등에서 활약하고 있는 한 여배우와 이야기를 나눈 적이 있는데, 그 배우는 이런 말을 했습니다.

"여배우란 작품을 할 때마다 과거의 성공을 내려놓지 않으면 연기를 할 수 없습니다. 이전 드라마나 영화로 인기를 얻었다고 자기 모방을 시작하면 배우로서의 생명은 끝입니다. 관객들이 질려버리니까요. 가지고 있던 것을 내려놓지 않으면 배우로서의 인생을 살 수 없습니다."

내려놓으면 자유로워집니다. 더 자유롭고 폭넓은 관점에서 선택할 수 있는 많은 것을 발견할 수 있습니다. 내려놓으면 사람의 힘, 사물의 힘, 돈의 힘, 지식과 정보, 스킬과 노하우, 기타 다양한 힘을 이용하기가 쉬워지는 것입니다.

자유롭고 무제한적인 가능성을 즐기는 생활과 무언가에 얽매여 부자유스럽고 제한만 당하는 생활을 비교해봅시다. 어느 쪽이 더 매력적인가요?

아무것도 잃어버릴 게 없습니다.

'모든 것을 잃을지도 모른다'는 불안을 내려놓으세요.

'타인 기준의 행복'과
이별하기

"행복한 가정은 모두 비슷한 모양새지만, 불행한 가정은 저마다 이유가 다르다."

러시아의 대문호 톨스토이의 소설 《안나 카레니나》의 제일 첫머리에 나오는 말입니다. 행복과 달리 불행의 모습은 제각각이라는 말입니다. 하지만 '행복'도 저마다 다릅니다.

부자가 되고 싶은 사람, 가족과 즐거운 시간을 보내고 싶은 사람, 일로 성공하고 싶은 사람, 이렇게 자신이 생각하는 행복은 미묘하게 다릅니다. 만약 타인이 행복이라고 생각하는 것을 자신에게도 행복이 될 것이라고 생각하는 것은 큰 착각입니다. 설사 그것을 갖게 되더라도 결코 행복해지지 않습니다. 그러니

'타인 기준의 행복'을 내려놓으세요.

그렇다면 자기 기준의 행복이란 무엇일까요? 심리학자 알프레드 아들러(Alfred Adler)는 누구에게나 공통되는 행복의 조건을 '공동체 감각'이라고 했습니다. 그리고 코칭의 대부 히라모토 아키오는 '공동체 감각'을 이해하기 쉽도록 세 가지로 세분했습니다.

1. 자신을 좋아한다 – 자기 수용
2. 타인을 신뢰할 수 있다 – 타인 신뢰
3. 남에게 도움이 된다 – 공헌감

이 세 가지 조건이 만족되지 않으면 사람은 진정한 행복을 느끼지 못합니다. 반면 이 세 가지 조건을 만족하는 방법을 모색하고 도전하면 반드시 행복을 붙잡을 수 있습니다.

100세를 넘긴 고령에도 강연과 집필활동을 활발히 하고 있는 의학박사이자 세로카국제병원 명예원장 히노하라 시게아키(日野原重明)는 한 강연회에서 "장수의 비결은 남을 위해 사는 것"이라고 했습니다. 이것은 바로 세 가지 조건 중 '공헌감'입니다.

하지만 공헌감을 중요하게 생각해서 '남을 위해 산다'고 하면서 '내 일은 아무래도 좋다'라고 하든가 '나는 도외시한다'는 태도를 취하면 결국 당신의 인생은 피폐해집니다.

'타인 신뢰'가 결여되어서 '타인은 신용할 수 없지만 나에게는 성실하고 싶다. 그래서 어쨌든 남에게 공헌한다. 남에게 사기를 당해도 상관없다'라는 생각도 바람직하지 않습니다. 마음 어딘가에서 쓸쓸함을 느끼게 될 것입니다. 타인을 위해 사는 것만으로는 부족합니다. 자기 자신을 사랑하고 타인을 신뢰할 때 행복을 느끼기 때문입니다. 행복하기 위한 세 가지 조건은 함축적이어서 탐구하면 할수록 재미가 있습니다.

'돈이냐 사랑이냐', '성공이냐 실패냐'처럼 누군가에 의해 강제되는 '타인 기준의 행복'은 이제 내려놓으세요. 대신 '자기 기준의 행복'을 찾으세요. 행복의 세 가지 조건을 만족하면서 '나답게' 살 수 있는 기준을 찾아보세요.

'행동을 제한하는 신념'과
이별하기

우리는 어릴 적부터 다양한 신념을 배우고 학습합니다. 그중에는 당시에는 중요하지만 지금은 불필요해진 믿음도 있습니다.

가령 어릴 때는 불 가까이 가면 "위험하다!"고 혼쭐이 났습니다. 그래서 '불 가까이 가면 안 된다'는 믿음을 갖게 되었습니다. 이 믿음은 성인이 된 다음에도 영향을 미쳐서 성인인데도 불을 다루는 게 무섭기만 합니다. 머리로는 무섭지 않지만 오래된 믿음이 행동을 제한합니다.

이런 오래된 믿음은 또 있습니다.

- 제멋대로 행동해서는 안 된다.
- 집단의 질서를 어지럽히면 안 된다.

- 지나치게 눈에 띄면 공격을 당한다.

- 실패해서는 안 된다.

- 타인의 말을 들어야 한다.

- 개인적인 의견을 말해서는 안 된다.

특정 상황에서는 효과적인 믿음도 평생 지켜야 하는 신념이 되어버리면 더러는 상황에 따라서 자신의 행동을 제한하는 요인이 됩니다. 물론 효과적이고 편한 삶을 가능하게 하는 신념도 있습니다. 동일한 신념이라도 어떤 때는 자신을 제한하기도 하고 어떤 때는 자신을 응원하기도 합니다.

제한하기도 하고 도움을 주기도 하므로 신념 모두를 부정할 필요는 없습니다.

먼저 A4나 A3 크기의 백지를 준비하십시오. 종이를 옆으로 놓고 세로 3등분이 되도록 선을 두 줄 긋습니다. 한 가운데 열에 자신을 제한하는 믿음이나 관념을 적어봅니다.

그리고 양쪽 옆의 열에는 믿음이나 관념에 해당하는 두 종류의 요소를 적습니다. 단, 왼쪽에는 믿음이나 관념이 고통스럽게 느껴지는 부정적 요소를 적고, 오른쪽에는 자신을 지켜주거나 도와주는 긍정적 요소를 적습니다.

　떠오르는 생각과 긍정적 혹은 부정적 요소까지 다 적었다면 이제는 필요없는 것을 하나씩 지워갑니다. 그렇게 해서 남은 신념은 지금도 중요하게 여기고 싶은 신념이 됩니다. 이 신념들을 새 종이에 깨끗하게 다시 옮겨 적거나 pc나 노트북을 이용하여 정리합니다.

행동을 제한하는 블록 제거방법

준비물

A4 또는 A3 용지
펜(검정)

① 가로로 놓고 3등분이 되도록 세로로 선을 두 줄 넣는다.
② 중간에 행동을 제한하고 있는 신념을 적는다. '〜해야 한다' 등.

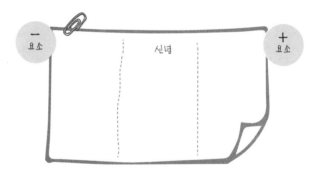

③ 왼쪽에는 신념이 고통스럽게 느껴지는 부정적 요소를 적는다.
④ 오른쪽에는 신념이 자신을 지키거나 하는 긍정적 요소를 적는다.
⑤ 불필요한 신념을 선으로 지우고 필요한 것만 남기고 그것을
   새 종이에 옮겨 적는다.

'작은 공포'와
이별하기

행동하고 싶다고 생각은 하는데 잘 안 된다고요?

귀찮다든지 내키지 않다든지 하는 이유를 대고 있지만 마음 속 깊은 곳 어딘가에 '작은 공포'가 있기 때문에 행동으로 옮기지 못하는 경우도 있습니다.

이 작은 공포를 내려놓으세요.

작은 공포는 그 구조를 알고 원인이 된 체험을 떠올리는 것만으로도 쉽게 내려놓을 수 있습니다. 먼저 공포의 구조부터 살펴봅시다.

공포는 위험 징후를 알아차리고 피하거나 맞서기 위한 생리적인 본능입니다. 생존을 위한 지혜기도 합니다. 사람처럼 언어로 표현할 수 없지만 동물도 공포로 몸을 떨거나 전율을 느낍니다. 그리고 이런 공포는 진짜 상황이 발생했을 때 자기 방어를 가능하게 합니다.

뇌 과학 관련 책에는 이런 글귀가 있습니다.

"뇌에 있는 편도체가 위험징후를 감지하면 공포가 발생하고, 회피와 공격을 어쩔 수 없이 당했을 때 그 순간 기억에 각인된다."

실패를 하거나 질타를 당하거나 창피를 당하는 등의 경험을 했다고 가정합시다. 이런 경험은 두 번 다시 겪고 싶지 않을 겁니다. 그래서 공포의 원인으로 기억에 저장됩니다. 그리고 훗날 동일한 상황이 발생하거나 그런 결과가 예상되거나 하면 공포를 느끼고 움직일 수 없게 됩니다.

누구나 '마감을 지키지 못하는 공포', '계산이 틀릴지도 모른다는 공포', '약속을 깜빡 잊어버리는 공포', '미움을 받는 공포' 등의 작은 공포들을 가지고 있습니다. 이런 작은 공포들은 그것을 내려놓겠다는 의지가 있을 때, 그리고 공포를 갖게 된 원인으로서의 경험을 다시 한 번 경험하고 그것을 다양한 각도에서 음미

했을 때 비로소 내려놓을 수 있습니다.

실제로 그 공포가 현실이 되었을 경우를 상상했을 때 떠오르는 모든 것을 종이에 적어봅니다. 단어가 됐든 그림이 됐든 상관없습니다. 그 공포로 인해 발생하는 모든 것을 다 적어보는 겁니다. 그러고 나서 객관적인 제삼자가 되어서 그 내용을 찬찬히 읽어봅니다. 객관화해서 읽다 보면 한심한 생각이 들어서 그냥 웃어 넘겨버릴 수도 있습니다.

이렇게 경험을 객관화시키는 것만으로도 작은 공포와 이별할 수 있습니다.

'실직에 대한 불안'과
이별하기

'잘못해서 능력 없는 녀석이라고 찍혀 해고당할지도 모른다', '두 번 다시 재기할 수 없을지도 모른다'는 생각에 꼼짝달싹도 못하는 사람이 있습니다.

물론 생계수단인 일을 잃으면 곤란합니다. 하지만 그런 생각들 때문에 행동하는 게 어려워진다면 더 곤란해집니다. 그럴수록 실직에 대한 불안은 더 심해지고, 이는 다시 행동을 더욱 제약하게 만듭니다. 악순환에 빠지게 되는 것입니다. 실직에 대한 불안을 이해 못하는 건 아닙니다만, 일단 불안에 사로잡히면 부정적인 마음이 계속됩니다.

과감하게 실직에 대한 불안을 내려놓으세요.

방법은 관심을 '불안'에서 '내가 원하는 모습'으로 옮기는 것입니다.

지금 일을 하고 있다면,

1. 일을 하면서 즐거웠던 것, 만족스러웠던 것, 배웠던 것을 떠올립니다.
2. 그 일을 할 때 함께했던 동료들을 떠올리고 그들과 즐거웠던 일, 도움을 주고받았던 일, 좋았던 일을 찾아봅니다.
3. 지금 일을 하고 있어서 좋은 점, 고마운 점을 적어봅니다.
4. 앞으로 어떤 일을 하고 싶은지, 맨 처음 충실하게 했던 일은 어떤 일이었는지 모두 적어봅니다.
5. 만약 지금 일을 하고 있지 않다면 어떤 직장에서 어떤 동료와 어떤 방식으로 일을 하고 싶은지 적어봅니다.

불안해한다고 상황이 호전되지는 않습니다. 실직당하지 않더라도 시대의 변화에 따라 지금 하고 있는 직종 자체가 사라지기도 합니다.

일본의 경영컨설턴트인 오마에 켄이치(大前研一)는 자신의 저서《돈 버는 힘》에서 다음과 같이 말했습니다.

"하던 일을 잃었다면 대신 이제부터 필요한 일을 찾아서 스스로 일을 만들어간다. 이런 발상이야말로 이 시대가 요구하고 있는 것이다."

필자는 이전에 현지기업을 견학하기 위해 태국을 방문한 적이 있습니다. 그때 방콕 거리를 걷고 있는데 보도의 한쪽에 작은 포장마차를 하고 있는 사람들이 있었습니다. 그들은 차도에 면한 금은방(화교가 경영하는 금은방) 바로 앞에서 사방 50cm 공간에 테이블을 놓고 닭꼬치 등을 팔고 있었습니다. 물어보니 그들은 공무원이었습니다. 월급만으로는 생활을 할 수 없어 노점을 한다는 것이었습니다.

우리는 일을 하고자 할 때 나를 고용해줄 회사를 찾습니다. "스스로 가게를 여는 게 어때?"라고 물으면 대체로 이런 말을 합니다.

"가게를 낼 돈이 없어서."

"재료 구입 루트가 없어."

"장사가 될지 어떨지 모르잖아."

"망할 거야."

이런 이유로 포기할지도 모릅니다.

하지만 태국 사람들은 그렇게 생각하지 않습니다. 아무리 작더라도 장소만 있으면 장사를 합니다. 장소가 어디이든 상관하지 않습니다. 번듯하지 않아도 상관하지 않습니다. 그렇게 하면서 생계를 유지하고 가족을 부양합니다.

심플하게 행동하고 있는 것만은 틀림없습니다.

일본은 위생관리상 규제가 많아서 태국 사람들처럼 마음대로 장사할 수는 없습니다. 하지만 세상에는 돈 벌 수 있는 일이 참 많습니다. 최근 인기 있는 유튜브(Youtube) 유저들처럼 말이지요. 이들의 생각은 태국 노점상들과 비슷하지 않을까요?

자유롭게 생각하세요. 발상의 전환이 가능하면 어떻게든 살아갈 수 있습니다.

풍요로워졌지만 각종 규제 때문에 도전 자체를 포기했다면 사고를 보다 유연하게 해보세요. 불안에 사로잡혀서 좋을 건 하나도 없습니다. 실직에 대한 불안도 마찬가지입니다.

이제 '실직에 대한 불안'을 내려놓으세요.

새로운 일거리를 상상하고 창조하겠다고 자신을 변화시켜 나가세요.

'돈에 대한 불안'과
이별하기

'실직에 대한 불안'과 함께 '돈에 대한 불안'도 항상 존재합니다.
돈에 대한 불안은 크게 세 가지로 나눌 수 있습니다.

- 돈을 잃을지도 모른다 – 상실의 불안
- 저축이 줄어들지도 모른다 – 감소의 불안
- 돈이 없어서 지불하지 못할지도 모른다 – 결핍의 불안

여기에는 예측 불가능한 미래에 대한 불안이라는 공통점이
있습니다. 미래는 알 수 없고 미확정적입니다. 그래서 불안하더
라도 어떻게 해소할 방법이 없습니다.
그러니 더욱 마음을 단단히 다잡고 '돈에 대한 불안'을 내려놓

으세요.

확정된 것이 아니라는 것은 '불안' 외에도 '가능성'이 존재한다는 의미이기도 한 것입니다.

- 돈을 벌 수 있다 – 획득의 가능성
- 불어날 수 있다 – 증가의 가능성
- 남길 수 있다 – 잉여의 가능성

돈에 대한 이 세 가지 가능성에 방점을 찍어두세요.

'돈에 대한 불안'을 제거하고 '돈에 대한 가능성'에 초점을 맞추어 부자가 되는 방법을 제시한 책들도 많이 나와 있습니다.

〈비즈니스 북 마라톤〉이라는 메일매거진 발행사인 엘리어스 북 컨설팅 대표 도이 에이지(土井英司)가 책임 편집한 《부자입문－자산 1억 엔을 모으는 교과서》도 그런 책입니다.

도이 에이지는 이 책에서 다음과 같이 말합니다.

"우리들이 목적으로 삼는 것은 인생의 만족을 최대화하고 사회에 공헌하는 것이지 돈을 많이 버는 것이 아니다."

저축보다 중요한 것이 있다는 것입니다. 또한 도이 에이지는 돈의 불안을 해소하는 방법으로 '인생에 대한 만족의 최대화와 사회에 대한 공헌'을 목적으로 가는 것이라고 했다.

돈에 대해서 막연한 불안을 안고 있으세요? 그러면 '돈보다 중요한 것'에 초점을 맞추세요. 그리고 책이나 세미나를 통해서 '돈이 들어오는 구조'를 배우세요. 돈에 대해 많은 것을 알게 되면 돈에 대한 불안도 내려놓을 수 있을 겁니다.

'미래에 대한 불안'과
이별하기

미래란 앞으로 다가올 시간을 말합니다. 언젠가는 반드시 찾아오는 시간입니다. 그리고 어떤 미래가 올 것인지 아무도 알 수 없습니다. 언제고 변화할 수 있습니다.

불안이란 안정과 고정의 반대말입니다. 불안정하다는 것은 서바이벌에서 꼭 필요한 요소입니다.

불안해하는 사람은 머리를 싸매고 고민만 계속합니다. 어떻게도 못한 채로 그저 생각만 하고, 고민만 합니다.

행동하지 않으면 아무것도 바뀌지 않습니다.

'미래에 대한 불안'을 내려놓으세요. 혹시라도 불안을 느낀다면 불안이 마음속에 자리 잡지 못하도록 하세요.

'아깝다'와
이별하기

'아깝다'라는 개념은 서양문화에서 좀처럼 찾아볼 수 없는 사고라고 합니다. 그런데 '아깝다'에 얽매이면 행동이 위축됩니다.

회사에서 이면지를 사용하게 하고 사무용품비를 삭감한 것에 이어 전등의 수까지 줄였다고 가정해보세요. 일할 의욕도 저하되고 사무실 분위기도 침울해질 것입니다. 업무성과도 실적도 떨어질 수 있습니다.

개인도 마찬가지입니다. '아깝다'는 생각에 사로잡혀 있으면 행동이 위축되고, 행동이 위축되면 부정적인 결과를 초래합니다.

특히 배움이나 성장에 관한 것에 대해서는 '아깝다'는 감정 자체를 내려놓아야 합니다.

책 한 권 사는 것도 주저하는 사람이 있습니다.

'과연 이 책이 도움이 될까?'

'이 돈을 주고 살 만한 가치가 있을까?'

이런 생각으로 '경비절감'과 '배움과 성장'을 저울질합니다.

필자라면 당장 책을 구입해서 읽겠습니다. 삶과 업무를 향상시킬 수 있다면 책을 구입하는 데 사용하는 비용은 아무것도 아닙니다. 효과가 훨씬 크기 때문입니다. 책값을 '아깝다'고 생각할 필요가 전혀 없습니다.

세미나와 배움, 코칭 등도 마찬가지입니다. '비용만큼 효과가 있을까'나 '아깝다'는 생각 때문에 배우지 않으면 아무것도 변하지 않습니다. 많이 배워서 활용해야 합니다. 비용을 아끼는 것만으로는 인생이 호전되지 않습니다.

인생을 보다 나은 방향으로 이끌고 싶으세요?

그렇다면 배움과 성장에 드는 비용에 대해 '아깝다'는 생각을 버려야 합니다.

당신이 배우고 경험하는 모든 것이 영양분이 되어 당신의 인생을 비약적으로 개선시킬 것입니다.

'해야 한다는 초조함'과
이별하기

계속 행동하라는 말을 듣다 보면 행동하지 않고 있는 자신이 불안해집니다.

"뭐든 해야 한다고 생각해서 수백만 원이나 되는 영어교재를 샀지만 몇 년째 들여다보지도 않고 있어."

"뭐든 해야 할 것 같아서 자격시험 강좌를 신청했지만 결석도 잦고, 꾸준하게 다니지 못하고 있어."

행동하지 못하고 있다는 것 때문에 자기혐오에 빠지고, 그러고 나면 더욱 '뭐든지 해야 한다', '행동해야 한다'는 초조함에 고통 받게 됩니다.

행동이 모든 것을 바꾸는 건 사실이지만 그 전에 '어떻게 바꾸고 싶은가', '정말 어떤 인생을 살고 싶은가'에 대한 답을 명확히 하는 것이 무엇보다 중요합니다.

무엇인가 '해야 한다', '행동해야 한다'는 초조함이 생기면 그냥 버리세요. 초조해 할 필요가 없습니다.

혹시 누군가가 당신에게 초조함을 명령하고 있지는 않나요?

초조하면 좋은 일이 생길까요?

이유없이 초조해진다면 근본적인 자신의 꿈과 희망, 목표, 진정으로 있고 싶은 모습 등 인생의 방향성으로 의식을 돌립니다.

심호흡을 한 후 '설레는 미래의 모습'을 그려보세요. 꿈같은 생활, 멋진 라이프스타일, 편안히 쉴 수 있는 집, 마음껏 즐길 수 있는 여가 등 마치 진짜인 것처럼 상상해보는 겁니다.

만약 그 상상에 가슴이 설렌다면 당신을 설레게 하는 것이 무엇이고, 그게 왜 설레는지, 그리고 그 상상에서 중요하게 여겨지는 것이 무엇인지 생각해봅니다. 그 해답이 바로 당신의 가치관입니다. 이제 가치관을 만족시키기 위해 무엇을 할 수 있을까를 생각합니다. 그리고 지금 당장 할 수 있는 작은 행동을 발견해보세요. 이때 당장 실행할 수 있는 작은 행동을 발견했다면 그것을 시작점으로 해서 첫발을 내딛는 겁니다.

초조함 때문에 무작정 무의미한 행동을 하기보다는 일단 멈춰 서서 진정으로 원하는 미래의 내 모습이 무엇인지 찬찬히 살펴보기 바랍니다.

'뭔가 해야 한다', '행동해야 한다'가 아니라 '진심으로 하고 싶은 것부터 한다!'는 마음가짐이 먼저입니다.

제 5 장

인생을 빈곤하게 만드는 물건·인간관계와 이별하기

사물 및 대인관계

귀찮은 사람, 싫은 사람, 피곤한 사람과
이별하기

고민의 대부분은 모두 인간관계에 관한 것이다.

심리학자 알프레드 아들러의 말입니다.

부서 간의 연계가 잘 이루어지지 않는다든가, 부하직원의 성과가 미미해서 업무 실적이 형편없다든가, 새 기획안이 나오지 않는다든가 하는 등등의 회사 내부의 문제 대부분은 인간관계에서 비롯합니다.

개인도 마찬가지입니다. 인간관계 때문에 일이 재미없어지기도 하고 의욕을 잃기도 하는 것입니다. 당신에게 인간관계가 무거운 짐이 되었다면 점검할 시간을 가져야 합니다.

사는 동안 내 주변의 사람들은 점점 늘어납니다. 최근에는 페이스북과 같은 SNS를 통해 예전에는 생각할 수 없을 정도의 빠른 속도로 많은 사람들과 인연을 맺습니다.

먼저 교우관계를 재점검해보기를 권합니다.

우선 아무것도 따지지 말고 생각나는 대로 친구의 이름을 메모지에 써봅니다. 바로 떠오르는 사람도 있을 것이고 얼굴은 알지만 이름이 떠오르지 않는 사람도 있을 것이며 도무지 기억이 안 나는 사람도 있을 것입니다. 그중에는 평상시에 자주 연락하는 것은 아니지만 바로 떠오르는 사람도 있고, 신세를 진 사람도 있을 것입니다.

그런 다음에는 큰 종이에 이름이 쓰여 있는 메모들을 분류해서 붙여봅니다. 그 과정에서 당신은 당신과 그 친구와의 거리, 친밀감, 앞으로 어떤 관계를 유지하고 싶은지에 대해 생각을 하게 됩니다.

최근에는 연하장을 보내는 사람들이 줄었지만, 당신이 기억해낸 친구들 중에는 나중에 연하장을 보내야지 하는 마음이 생기는 친구가 있을지도 모릅니다. 또 이메일을 보내고 싶은 사람, 더 자주 만나고 싶은 사람, 일에 대해 대화를 나누고 싶은 사람 등 다양할 겁니다. 그러면 주소록을 정리하는 것도 쉽게 할 수 있습니다.

최근에는 검색기능이 잘되어 있으므로 주소록을 대대적으로 정리할 필요가 없을지도 모릅니다. 하지만 주소록을 그룹별로 정리해두지 않으면 어떤 목적을 가지고 연락을 하고자 할 때 일일이 찾아서 연락해야 하기 때문에 불편합니다.

이렇게 분류한 것을 기준으로 리스트를 처음부터 다시 만들어 봅니다. 그리고 그 분류에 따라 그룹을 새롭게 만듭니다. 엑셀이나 이메일 주소록 등의 소프트웨어를 사용하면 편리합니다.

오랫동안 만나지는 못했지만 사실은 그동안 쭉 만나고 싶었던 사람이 있다면 바로 연락해 보세요. 연락처를 잃어버렸다면 그 사람의 연락처를 알고 있을 만한 사람에게 연락해보세요. 지금 연락하지 않으면 평생 만나지 못할지도 모릅니다.

만나고 싶다는 당신의 기분에 솔직해지세요. 어떻게든 방법을 찾아서 만나보세요.

진짜 만나고 싶은 사람과 지속적으로 만나게 되면 그만큼 그렇지 않은 사람을 만날 시간이 줄어듭니다. '귀찮은 사람', '싫은 사람', '피곤한 사람'과의 관계가 줄어들 것입니다. 그러다 보면 언젠가는 내려놓을 수 있게 될 것입니다.

'인맥이 없다'는 생각과 이별하기

무언가를 시작하려고 마음먹었거나 새롭게 일을 담당하게 되었을 때 지금까지의 인맥 중에 도와줄 만한 사람이 없으면 불안해집니다. 그렇다 하더라도 '인맥이 없어서 잘 안 풀린다'는 핑계는 대지는 마세요. 그건 착각입니다.

모든 게 다 인맥이 없기 때문이라는 착각도 내려놓아야 합니다. 방법은 얼마든지 있습니다.

하고 싶은 것이 명확하다면 어떤 사람을 만나야 하는지도 명확해집니다. 우선 가까운 곳부터 찾습니다. 기존의 거래처 중에 관련된 정보를 가지고 있는 기업을 찾거나 지인을 통해 인맥을 넓힐 수도 있습니다.

앞에서 메모지를 사용해서 기존의 친구나 지인 중에서 진정으로 만남을 이어가고 싶은 사람에 대해 알아봤습니다. 이번에는 그 연장선상에서 지금까지 아는 사이가 아니었지만 이제부터 만나고 싶은 사람을 메모해보려 합니다. 일단 제약 없이 생각나는 대로 써봅니다.

- 어떤 분야에서 최첨단 연구를 하고 있는 사람
- 최첨단 기술을 가진 회사
- 특정 분야에서 시장점유율 1위인 유통사업자

만나고 싶은 사람이나 기업이 있다면 어떤 사람이고 어떤 기업인지 구체적으로 적습니다.

필자는 미국 가수 크리스티나 아길레라를 만나고 싶습니다. 그리고 코칭으로 그녀의 재능을 더욱 끌어낼 수 있도록, 더욱 발전된 음악을 할 수 있도록 도와주고 싶습니다. 아길레라처럼 자신의 재능을 발휘해 세계적으로 활약하고 싶어 하는 사람을 만나고 싶기 때문입니다. 아길레라만이 아닙니다. 자신의 재능을 세계적으로 펼치고 싶은 사람이라면 누구라도 최선을 다해 응원하고 싶습니다.

혹시 타인과의 인연이 우연에 의해 이루어진다고 착각하고 있지는 않나요?

만나서 이야기하고 싶은데 '어차피 무리다', '지인이 될 리 없다'는 식의 생각을 하고 있다면 그것부터 내려놓으세요.

사람을 만나는 것은 비교적 쉽게 이루어집니다. SNS 등을 활용하면 직접 얼굴을 마주할 수 없더라도 메시지를 주고받을 수는 있습니다. 그것도 만남입니다.

나의 인간관계를 내가 주도적으로 만들어갈 수 있다고 생각하게 되는 순간, 당신의 인생은 큰 변화를 맞이할 것입니다.

만날 수 없다는 것은 착각입니다. 진정으로 만나고 싶다면, 그래서 만나기 위해 행동한다면 만날 수 없는 사람은 없습니다.

과거 세계적으로 활약하던 미얀마 출신의 아티스트를 만나고 싶다고 생각했던 필자도 실제로 만남을 가졌습니다. 예상치 못한 타이밍에서 콘서트를 보기도 했고, 그 아티스트의 지인과 아는 사이가 되기도 했습니다.

또한 사람과의 만남은 그 목적이 자신을 위해서가 아니라 타인을 위해서일 때 좀 더 가능성이 높습니다.

예전 노동조합 임원이었던 시절에 필자는 조합이 주최하는 세미나를 준비했는데, 그때마다 강사를 찾는 데 많은 시간을 사용했습니다. 비즈니스 관련 서적의 저자나 강연을 주로 하는 사람들을 특히 눈여겨보았고, 다른 강연회에 적극적으로 참가해 명함을 교환하기도 했으며, 홈페이지를 통해 연락을 취한 적도 있습니다. 내가 아니라 조합을 위해서라고 생각했기 때문에 적극적으로 움직일 수 있었던 것입니다. 그 덕분에 다양한 사람을 알게 되었습니다.

타인을 위해서든, 자신을 위해서든 '만나고 싶다'고 강하게 염원하면 틀림없이 만나게 됩니다.

'인맥이 없다'는 생각에게는 이제 이별을 고하세요.

'다양한 연락방법'과
이별하기

서두에서 소개한 세 가지 비명에서 보았듯이 오늘날에는 연락
방법이 너무나 다양합니다. 예전에는 전화와 이메일이 전부였
지만 이제는 휴대전화, 인터넷 이메일, 라인, 사내 SNS, 메신
저, 채팅 등 다양한 정보채널이 존재합니다. 물론 편리해진 만
큼 여러 채널을 동시에 체크해야 합니다. 오히려 할 일이 늘어
난 것입니다.

'다양한 연락방법'을 내려놓으세요.

한번에 전부 내려놓기란 어려울 겁니다. 그러니 가능한 한 줄
여보세요.

그게 가능하게 되면 일의 품질과 속도도 향상될 것입니다. 또
무엇보다도 다양한 정보채널을 모두 체크해야 한다는 강박관념

에서 해방될 것입니다. 그러면 마음이 편안해질 것이고 업무 집중력도 높아질 것입니다.

물론 내려놓는다고 사내 SNS까지 내려놓을 수는 없습니다. 하지만 일상생활에서는 "업무 관련 연락은 이메일로만 하니, 페이스북이나 라인으로 메시지를 보내지 마세요"라고 말해두면 이메일을 제외한 정보채널에 할애하는 시간이 한결 줄어들 것입니다.

수많은 연락방법을 닫으세요. 한두 개 정도로 연락방법을 제한해보세요.

또 경우에 따라서는 이메일보다는 전화를 하거나 직접 만나는 것이 좋을 수도 있습니다. 사무적인 정보를 취급할 때 이메일이나 SMS를 이용하면 편리하기는 하지만 오해가 발생하기가 쉽기 때문입니다.

이메일이나 SNS로는 "어떻게 되고 있습니까?"와 같은 질문도 상대가 어떻게 받아들일지 알 수 없습니다. 비난을 하는 말투라고 받아들일 수 있고 일이 지연되어 화내고 있다고 여길 수도 있습니다. 이런 오해는 감정적 대립을 유발하기 십상입니다.

감정을 주고받으려면 직접 만나거나 전화로 이야기를 하는 게 좋습니다. 대답이 바로 가능하므로 오해도 방지할 수 있습니다.

넘쳐나는 연락방법을 다 내려놓고 꼭 필요한 수단 몇 가지만을 이용해서 연락하세요.

'성가신 술자리'와
이별하기

업무가 끝나고 저녁시간이 되면 환송회다 신년회다 송년회다 회식이다 친목회다 다양한 만남이 기다리고 있습니다.

술자리 커뮤니케이션은 필자도 좋아합니다. 회식이 있기에 인간관계가 원활해진다는 생각도 합니다. 개중에는 술자리가 지나치게 빈번한 사람도 있습니다. 하지만 뭐든지 적당한 것이 좋습니다. 술자리를 주최하는 입장이라면 모르지만, 초대를 받은 입장에서 초대에 모두 응하면 점점 사생활이 줄어들게 되니 말입니다. 사생활이란 혼자서 비교적 자유롭게 지낼 수 있는 시간입니다. 이 시간을 남에게 지배받고 싶으신가요?

적극적으로 자발적으로 참가하는 술자리도 있지만, 의리상 업무상 어쩔 수 없이 참가하는 술자리도 있습니다.

이번 단락에서는 이미 예정되어 있는 술자리가 있더라도 일단 취소했다고 가정하고 한 달간의 스케줄을 살펴보고자 합니다. 술자리가 단 한 번도 없는 한 달을 상상해보는 겁니다. 그리고 가능하다면 실제로 모든 술자리를 취소해보세요. 거절의 이유는 상관없습니다.

모든 술자리가 사라지면 한 달 동안의 저녁시간이 오롯이 당신의 자유시간이 됩니다. 한 달을 30일이라고 하면 60~90시간이라는 자유시간이 생기는 것이지요.

여러분은 이 많은 시간을 어떻게 활용하겠습니까?

영화를 본다면 30편 이상 볼 수 있습니다. 매일 영어 문법을 공부하면 복습까지 가능할지도 모릅니다. 무료 영상통화를 통해 현지 외국인과 1 대 1로 영어회화를 하는 스카이프 영어회화를 하고도 그 내용을 복습할 수 있는 시간까지 확보할 수 있습니다.

매일 다른 책을 읽는다면 몇 권이나 읽을 수 있을까요? 해외 TV드라마 시리즈를 한꺼번에 몰아서 볼 수도 있습니다. 단편소설을 쓸 수도 있고, 그림이나 일러스트를 그릴 수도 있습니다. 악기 연습, 노래 연습, 시험공부 등 뭐든지 할 수 있습니다. 가족이 있다면 그들과 단란한 시간을 보낼 수도 있고, 배우자나

연인이나 자식이 있다면 그들과 진솔한 대화를 나눌 수도 있습니다.

그 시간들은 본래 당신이 자유롭게 사용할 수 있는 시간이었습니다. 그런데 자신도 모르는 사이에 다양한 속박에 얽매이게 된 것입니다. 그런데 이제 다 취소해버렸습니다. 그 모든 시간들을 자유롭게 사용할 수 있게 된 것입니다.

다시 수첩을 꺼내세요. 그리고 자유시간에 하고 싶은 일을 써보세요. 만약 반드시 참석해야 하는 술자리가 있다면 그것도 수첩에 메모합니다.

술자리는 한 가지 예에 불과합니다. 모든 약속을 동일하게 취급해야 합니다. 당신의 하루, 당신의 일주일, 당신의 한 달, 당신의 일 년, 당신의 일생은 남이 아니라 오롯이 당신의 것입니다. 당신의 스케줄은 당신 스스로 결정해야 합니다.

'대하기 껄끄러운 사람'에 대한 마음과 이별하기

"얼굴도 보기 싫어!"

"어떤 일 때문에 관계가 껄끄러워져서 그 후에는 연락을 끊었어."

"그 사람은 늘 기분이 안 좋고 금방 화를 내서 무섭다니까."

"얘기할 때마다 코드가 안 맞아서 별로야."

세상에는 다양한 사람이 있습니다. 같은 조직이나 거래처에도 각양각색의 사람이 있습니다. 그중에는 도저히 안 맞는 사람, 대하기 어려운 사람도 있습니다. 누구나 마찬가지 경험을 하고 있습니다.

만약 당신이 누구와도 잘 지내고 있다면 그건 축복받은 일입니다. 주변에 좋은 사람만 있다든지 마음이 맞는 사람과 있다든지 하는 상황일 테니까요.

대하기 껄끄러운 사람에게 좋은 얼굴을 하기란 피곤할 일입니다. 그런 인간관계는 내려놓으세요.

달갑지 않은 인간관계를 내려놓는 방법은 좋은 사람이 되려고 하지 않는 것입니다. 좋은 사람이 되겠다는 생각을 내려놓아야 하는 것입니다.

그리고 가능하면 사람에 대한 나쁜 생각도 내려놓아야 합니다. 싫은 기분이나 거북하다는 기분을 내려놓고, 그 대신 그 사람과 관계를 갖는 목적에 집중합니다.

가령 같은 프로젝트팀이라면 프로젝트의 목적만 생각합니다. 거래처 담당자라면 그 거래처와 어떤 식으로 거래를 하는 것인지만 생각합니다. 거북한 상사와 같은 부서라면 그와 함께 일함으로써 달성해야 하는 그 무언가만 생각합니다.

기분에서 목적으로 관심을 돌리는 겁니다.

그렇게 해봐도 도저히 나쁘고 싫은 기분을 불식시키기 어렵다면 당당하게 맞서십시오. 무엇이 싫은지 무엇이 무서운지 무엇 때문에 거북한지 생각나는 대로 종이에 써봅니다. 더 이상 쓸 게 없을 때까지 계속해 나갑니다.

더 이상 쓸 게 없다면 이미 써놓은 것을 한번 살펴봅니다. 당신의 기분이 다 표현되어 있나요? 그렇다면 그 종이를 옆에 두고 다음 작업으로 들어갑니다.

이번에는 그 사람의 좋은 점, 배울 점, 매력 등을 생각나는 대로 다 써봅니다. 아주 사소한 점이라도 좋습니다. 일단 써봅니다.

다 썼다면 먼저 써놓은 것과 나중에 써놓은 것을 서로 비교해봅니다. 그런 다음 이 사람과 당신이 어떤 관계를 가져야 할 것인지 생각해봅니다. 어떤 큰 목적을 위해 이 사람과 관계를 가질 것인지도 확인합니다. 어떤 식으로든 관계를 이어나가는 데 의미가 있다면 그 목적을 실현하기 위해 할 수 있는 일을 찾습니다.

또 무엇을 어떻게 해야 큰 목적을 달성할 수 있을지, 양호한 관계를 구축할 수 있을지에 대해서도 생각해봅니다. 그런 것들이 명확해지면 오늘 내일 중으로 가능한 빨리 실행에 옮길 행동을 정합니다.

그 행동이 당신과 그 껄끄럽고 거북한 상대의 관계를 이상적이고 양호한 관계로 만들어줄 것입니다.

'나쁜 습관'과
이별하기

사람에게는 많든 적든 습관이 있습니다. 도무지 나쁜 습관이나 결점이라고는 없어 보이는 사람에게도 습관은 있기 마련입니다. 타인이 금방 눈치 챌 정도라면? 그 사람은 습관이 정말 많을 것입니다.

- 낭비벽
- 미루기
- 게으름
- 지각

나쁜 습관은 사람에 따라서 다를 수 있습니다. 그러니 '이것이

나쁜 습관이다', '이것은 그만두고 싶다'라고 생각하는 게 있다면 그것을 내려놓으면 됩니다. 내려놓고자 할 때 구체적으로 파악하면 더 잘할 수 있습니다. 특히 금액이나 시간이라는 계측 가능한 것으로 구체화시키면 더 효과적입니다.

일단 지금까지 계속된 나쁜 습관으로 낭비된 시간과 금액과 영향을 계산해봅니다.

습관화된 낭비는 한 달, 1년, 10년이라는 시간이 지났을 때 놀랄 정도로 거대하게 불어나 있을지도 모릅니다. '동일한 비용을 더 바람직한 일에 사용했더라면 좋았을걸' 하는 후회를 하게 될 테지요.

담배를 매일 한 갑 이상 피우는 사람이 있다고 가정해보세요. 그는 매일 450엔짜리 담배를 하나씩 삽니다. 이 금액은 한 달이 되면 1만 3,500엔이 됩니다. 그리고 이는 다시 1년이면 16만 2,000엔이 되고 10년이면 162만 엔이 됩니다. 여기에 한 달에 1~2회씩 쓸데없는 술자리에 참석한다면? 그 비용이 한 달에 1만 엔 정도라고 하면 그 비용은 1년이면 12만 엔, 10년이면 120만 엔이 됩니다.

이렇게 낭비된 비용을 따져본 다음에는 '그만큼의 비용을 다른 무언가에 사용할 수 있지 않을까' 하고 생각해봅니다. 더 효과적인 사용법이 발견된다면 지금까지의 나쁜 습관을 내려놓고 그것에 투자합니다.

무엇이 나쁜 습관인지에 대해 자기 자신에게 물어보세요. 나쁘지 않다면 계속하셔도 됩니다. 하지만 진심으로 그만두고 싶은 습관이라면 그 습관 대신 새로 시작하고 싶은 좋은 습관에 집중합니다.

- 어학에 도전한다.
- 운동을 시작한다.
- 악기를 시작한다.
- 무예, 시, 뜨개질, 서예, 운동 등을 시작한다.
- 업무와 관련된 공부를 시작한다.
- 언젠가 하고 싶은 프로젝트를 구상한다.
- 가족여행을 계획한다.
- 진짜 휴가를 받아서 해외여행을 간다.

새 습관을 시작하면 '쓸데없다', '그만두고 싶다'고 생각한 습관은 내려놓으세요. 그리고 남은 시간이나 비용을 새 습관에 투자합니다.

'무의식적으로 사용하는 시간'과
이별하기

너무 바쁘면 무의식적으로 지금 현 상황에서 벗어나고 싶어지고, 아무것도 하지 않은 채 멍하게 보내는 시간이 늘어납니다.

얼마나 비생산적이고 시간을 낭비하는 행동을 하고 있나요?

- TV를 틀어놓은 채 아무 목적 없이 보고 있다.
- 인터넷 서핑을 계속한다.
- 인터넷 쇼핑사이트에서 별로 필요하지도 않은 상품을 검색한다.
- 편의점에서 과자를 사서 계속 먹는다.
- 다음 날 영향을 미칠 정도로 혼자서 저녁에 술을 마신다.

멍하게 있는 상태는 앞서 언급한 스티븐 코비가 쓴 《성공하는 사람들의 7가지 습관(The seven habits of highly effective people)》의 제4 영역 '긴급하지도 않고 중요하지도 않다'에 해당됩니다.

쓸데없다고 인지하고 있으면서도 저도 모르게 하고 있다? 왜 그럴까요?

'멍하게 있다'는 행위에는 목적이 있습니다.

'긴급하고 중요한' 일만 있으면 심신이 모두 피곤합니다. 몸도 마음도 쉬고 싶어지는 게 당연합니다.

그런데 우리들의 몸은 늘 균형을 잡으려고 합니다. 체내에 세포나 바이러스가 침입하면 면역기능이 발동해서 열이 나거나 세균을 죽이기 위해 콧물이 납니다. 몸이 휴식을 원하면 뇌가 아무리 활동하려고 해도 몸이 움직이지 않아 쉴 수밖에 없습니다.

인간은 머리보다 몸에 의해 지배되는 경우가 더 많습니다. 몸의 소리에 귀를 기울여보세요.

멍하게 있고자 한다는 것은 머리와 마음과 몸이 최근의 경험을 정리하고 싶어 한다는 신호입니다.

지나치게 바쁜 생활은 대량의 정보를 받아들이는 작업이기도 합니다. 그래서 몸은 그 많은 정보를 정리할 시간이 필요하다고 신호를 보냅니다. 하지만 우리는 그런 상태를 쓸데없다고 느낍니다. '왠지 모르게 멍하게 있고 싶다'는 느낌이 진심으로 든다면 머리와 마음과 몸이 정리를 원하는 시간이라고 이해해야 하는데도 말이지요.

여기에 정보를 정리하는 시간을 갖기 위한 몇 가지 방법을 소개합니다.

1. 잔다.

2. 명상한다.

3. 백지 용지나 노트 등에 다양한 생각을 적는다.

4. 가벼운 운동과 스트레칭, 체조 등을 한다.

이 네 가지 중 하나를 하면 효과적으로 멍하게 있을 수 있습니다.

1. 잔다

수면은 뇌와 몸에 휴식을 주고, 하루의 정보와 기억을 정리하는 역할을 합니다. 컴퓨터의 디스크정리와도 비슷하고, 외근에서

돌아온 영업사원이 사무처리를 하고 영업일지를 작성하는 것과도 비슷합니다.

낮잠도 좋지만 저녁에 일찍 푹 자는 것이 제일 좋습니다. 다음 날 아침 상쾌하게 일어나고, 신경이 쓰이는 일이 있다면 바로 그 아침에 처리하기를 권합니다.

2. 명상한다

그러나 그럼에도 불구하고 잠이 잘 오지 않는 날이 있습니다. 하루의 흥분과 피로가 겹치게 되면 쉽게 잠들기가 아무래도 쉽지 않지요. 그럴 때에는 명상을 해보세요. 일을 하다 때때로 명하게 된다면 그 일은 중요하지도 긴급하지도 않은 일입니다. 해도 되고 안 해도 되는 일이라면 대담하게 명상에 잠겨보세요.

3. 백지 용지나 노트 등에 다양한 생각을 적는다

이것은 이른바 쓰는 명상입니다. 백지 용지든 노트든 뭐든지 좋습니다. 종이를 준비하고 머리에 떠오른 모든 것을 다 써내려갑니다.

'피곤하다', '코가 가렵다', '요즘 날씨가 좋다', '거래처와의 협상이 신경 쓰인다', '그러고 보니 친척에게 연락이 있었는데, 뭐였지? 전화를 걸어보자. 아니다, 이메일로 물어보자', '내일은 ……' 등등.

사소한 것이어도 상관없습니다. 누구에게 보여줄 필요도 없으니 마음에 있는 것을 그대로 말로 표현합니다. 다 쏟아내다 보면 속이 시원해지고 중립적인 기분이 유지될 것입니다.

4. 가벼운 운동과 스트레칭, 체조 등을 한다

생각을 하지 않으려면 가벼운 운동이나 스트레칭, 체조 등을 해보세요. 상당한 효과를 거둘 수 있습니다.

스트레칭 등을 했을 때 이완된 근육 부분에서 가벼운 통증이 느껴지고 그곳에 의식이 집중되면 한순간이나마 고민을 잊을 수 있습니다. 가벼운 운동은 동적인 명상입니다.

또 비즈니스맨은 컨디션 관리가 중요합니다. 컨디션 관리가 안 되면 주변으로부터 핀잔을 듣게 되는 경우가 많습니다. 컨디션 관리를 하기 위해서는 몸의 목소리에 귀를 기울이고 그에 대응하는 것이 최선의 방법입니다. 몸의 컨디션은 생활의 결과물입니다. 솔직히 몸 컨디션을 관리한다는 건 말이 안 됩니다. 관리할 수 있는 것은 자신의 행동뿐입니다.

매일매일 가벼운 운동으로 몸과 대화하며 자신의 행동을 조금씩 교정해나가세요.

SNS와
이별하기

페이스북을 비롯해 지금은 SNS가 생활에 없어서는 안 될 정도입니다.

편리하기는 하지만 자칫 잘못하면 대부분의 시간을 SNS에 빼앗기게 됩니다.

SNS가 세상에 나온 지는 얼마 되지 않았습니다. 그런데도 우리는 이제 SNS가 없으면 살 수 없다고 생각합니다. 하지만 이런 생각은 한마디로 착각입니다.

우리는 언제 어디서건 '사람'에게 관심을 갖습니다. SNS에서 타인의 행동에 저도 모르게 눈이 가는 이유입니다. 바로 수동적인 SNS의 이용 태도입니다.

만약 SNS를 사용하는 시간이 길어지고 더 중요한 행동을 소흘히 하고 있다면 한번쯤 SNS를 내려놓고 능동적인 태도를 취해보세요. 극단적으로 SNS를 전혀 하지 않겠다고 결정해버리는 것도 좋습니다. 업무적으로 사용하고 있어서 계정을 남겨둬야 한다면 하루 단위로 SNS에 접속하지 않는 날을 임의로 정하는 것도 좋을 것입니다. 그도 아니면 하루 중에 SNS를 사용하지 않는 시간을 정하고, 스케줄표에 'No SNS Time'이라고 적은 다음 그 시간만큼은 사용을 중지합니다. 그 시간에 미팅을 넣거나 면담 일정을 잡으면 자연스럽게 SNS를 하지 않을 것입니다.

시간이 빌 때마다 습관적으로 SNS에 접속하던 것을 그만두거나 하루 세 시간 동안은 SNS를 하지 않겠다고 결정하면 그 시간만큼 의미 있는 시간을 확보하는 겁니다.

수동적으로, 그리고 습관적으로 SNS에 접속하는 습관을 내려놓으세요.

SNS 대신 습관적으로 인터넷 서핑을 하고 있다면 바로 그 '인터넷 서핑'을 내려놓으세요. 그리고 무의미하고 수동적인 검색에 몸을 내맡기지 말고, 하더라도 능동적으로 하세요.

우선 검색하고 싶은 것을 정합니다. '검색 노트'를 만들어 검색하고 싶은 것을 기록해둡니다. 그리고 '검색 시간'이 되면 꼼꼼하게 검색을 해갑니다. 이것은 수동적인 검색이 아니라 능동적인 검색이며 조사이기도 합니다.

그런데 검색을 하다 보면 곁가지로 이런 저런 내용을 검색하게 되는 경우가 많은데, 그럴 때는 타이머를 설정해두세요. 시간을 정해두고 검색을 하는 겁니다.

당신의 시간은 당신의 생각대로 사용할 수 있습니다. 수동적인 태도가 습관화되면 당신의 시간은 어느새 '타인의 시간'이 되어버립니다. 당신 자신의 시간을 되찾으세요.

'세미나, 책, 교재 등'과
이별하기

학창 시절을 떠올려 보세요. 한창 시험공부를 하고 있거나 제출해야 하는 리포트를 쓰고 있습니다. 그런데 갑자기 지금 하는 일과는 관계없는 소설이 읽고 싶어지거나 음악이 듣고 싶어지거나 하는 일이 있습니다. 어떤 때에는 만화책을 읽고 싶기도 하고 영화가 보고 싶기도 합니다.

뇌가 활성화되고 있어서 다른 것으로 자꾸만 신경이 갑니다. 집중해야 한다는 스트레스에서 벗어나기 위해 의식이 자꾸만 다른 것을 찾습니다.

회사 업무를 하고 있을 때에는 공부를 하고 싶거나 자격증을 따고 싶어집니다. 이 또한 마찬가지입니다. 업무를 해서 신경이 활발해지면 점점 향상심이 솟아납니다. 스트레스가 극심한 상

황에서 벗어나고 싶은 마음과 스트레스로 인한 불안이 학습의
욕을 향상시키는 것입니다. 배우는 것으로 해소되지 않을까, 하
는 마음이 점점 강해지기 때문입니다.

배움에 대한 흥미를 불러일으키는 것은 세미나와 책, 그리고
교재들입니다. 배우고 싶은 내용의 양과 질이 현재의 자신에게
있어서 적절하다면 아무런 문제가 없습니다. 그러나 심리적 불
안정으로 인한 학습의욕이라면 자신에게는 필요 없는 세미나,
책, 교재가 될 것입니다.

영어를 배우고 싶은 사람은 영어교재를 삽니다. 그것도 몇 권
씩이나 삽니다. 그래서 구입은 했지만 거의 사용하지 않은 영어
교재 등이 집에 수두룩합니다.

만약 어떤 불안에 의거해 학습 의욕이 높아졌다면 '세미나,
책, 교재 등'을 내려놓으세요. 그리고 마음을 진정시키고 자신에
게 물어봅니다. '정말로 배우고 싶은지', '배워서 어떻게 하고 싶
은지'를 말입니다.

'지금 시점에서 절대로 필요한가'를 물었을 때 그렇지 않은 것
이 있습니다. 하나하나 판단하고 있으면 그만큼 시간이 걸립니
다. 또 예전에 배우고 싶었던 마음이 다시 살아나버리면 도저히

내려놓을 수 없습니다.

　세미나를 신청하면 일정 시간을 사용하게 됩니다. 책이나 교재의 경우에는 그것을 읽는 데 많은 시간을 할애해야 하고 동시에 수납할 장소도 필요해집니다. 시간이나 공간이 무언가에 점유되면 그만큼 자유를 빼앗기게 되고, 이는 행동하고자 했을 때 걸림돌이 됩니다.

　그러므로 최근 1년 정도 보지 않은 책이나 교재는 버리세요. 차마 버릴 수 없다면 다른 사람에게 준다거나 유료 창고에 맡기는 것도 좋겠습니다. 비용을 들여서까지 남겨두고 싶은지 자문해 본다면 의외로 쉽게 버릴 수 있을 것입니다.

꿈과 관계없는 것과
이별하기

"꿈을 가져라."

"비전을 가져라."

많은 이들이 이런 말을 쉽게 합니다. 하지만 미래의 대한 비전이 명확한 사람은 거의 없습니다. 비전이란 '가슴 뛰게 만드는 미래상'입니다. 그러나 거의 대부분의 사람들은 비전에 대해 진지하게 생각해본 적이 없습니다.

꿈도 마찬가지입니다. "꿈이 무엇이냐?"라는 질문에 "그런 거 없다"고 대답할 뿐입니다. 아니면 "남에게 말할 수 있는 게 아니다", "꿈 따위를 말하다가는 바보 취급당할 테니 말하지 않겠다"라고 대답합니다. 모르는 사이에 '꿈 따위는 아이들이나 말하는

거지 어른이 말하는 게 아니다'라고 생각하게 된 건 아닐까요?

실현 가능성이 낮은 것을 말하면 "꿈같은 소리 하지 마라"는 핀잔을 듣기 마련입니다. 꿈의 위상이 이렇게나 낮은 것입니다.

그러나 꿈의 위상을 낮은 곳으로만 내몰면 창조도 발전도 있을 수 없습니다. 모든 발명과 발견과 혁신은 누군가가 그린 꿈에서 태어나기 때문입니다.

꿈은 세계를 움직이는 원동력입니다. 혼미한 21세기에 태어난 우리들에게 꿈을 꾸는 힘이 필요합니다.

필자가 문구와 사무용 가구 제조회사인 PLUS의 노동조합 위원장으로 취임했을 때 대선배이자 초대위원장이었던 다케나카 쇼지로(武中正次郎)로부터 '비전, 결단, 커뮤니티'라는 말을 들었습니다. 그는 이렇게 말했습니다.

"비전이 없으면 시작되지 않는다. 그리고 행동을 결단해도 그것을 실행하기 위해서는 동료와의 커뮤니케이션이 필요하다. 그렇게 하면 모든 일이 잘 풀린다"

비전이란 꿈을 꾸는 것입니다. 꿈이 없으면 시작되지 않습니다. 꿈꾸는 힘이 쇠퇴하면 인생의 방향성이 정해지지 않습니다. 무엇이 중요한지 무엇이 중요하지 않는지의 경계가 애매모호해집니다. 그렇게 되면 인생에 있어서 쓸데없는 일만 해버릴지도 모릅니다. 가령 꿈꾸는 창조능력이 파괴와 살육에 사용된다면 그것이야말로 슬픈 일일 것입니다.

꿈을 가질 수 있다면 꿈과 관계없는 것을 놓아버릴 수 있습니다. 인생에 하나의 심지가 생기는 것이지요.

만다라 아트 작가인 야마자키 히로미(山崎浩美)는 다음과 같이 말합니다.

"아트테라피를 하고 힐링을 배우고 고신도(古神道, 일본에서 외래 종교의 영향을 받기 이전에 존재했던 종교)를 배우고 있는 것을 보면 사람들은 별 관련성이 없는 것을 한꺼번에 공부하고 있다고 생각할지도 모릅니다. 하지만 내게는 모든 것이 그림으로 이어집니다. 그림은 아주 영적인 예술입니다. 그 그림이 가진 에너지를 느끼거나 그 에너지가 발산하는 메시지를 느끼고 싶습니다. 그래서 에너지에 관한 공부도 하고 그 메시지를 받는 훈련도 해왔습니다."

그녀에게 있어서 모든 것은 그림으로 표현하고 그림을 이해하기 위한 배움의 과정이라는 것입니다.

그녀의 꿈은 영적인 표현으로서의 그림을 완성시키는 것입니다. 그러한 꿈이 있기에 생활 속의 모든 것이 의미를 가지고 그 꿈을 향해 통합됩니다. 그러한 과정 중에서 꿈과 관련이 없는 것은 점점 놓아버리고 반대로 필요한 것은 손에 넣는 겁니다.

꿈을 가지는 것만으로도 놓아버릴 수 있는 것을 발견하게 되는 법입니다. 꿈과 관계없는 것을 놓아버리세요. 그러면 꿈을 실현하는 데 필요한 것을 손에 넣을 수 있습니다.

제 6 장

1%에 집중하는 기술

선택과 집중
1%에 집중하는 '5W, 1H, 1F'

지금까지 많은 일을 끌어안고 있던 사람이 큰 힘을 발휘하려면 일단 내려놓아야만 합니다.

생각해보세요. 지금까지 100%의 힘 또는 그 이상의 힘으로 능력을 넘어선 많은 일들에 전력을 다해왔습니다. 그런데 그 힘을 단 한 가지에만 투자한다면 어떻게 될까요?

지금까지 많은 일을 끌어안고 있던 경험이 힘의 총량을 확대하는 데 도움이 되었습니다. 원래 가지고 있던 힘을 극한까지 증폭시켜 온 것일지도 모릅니다. 그 100%의 힘을 하나에 투입합니다. 한 점에 집중시키는 것입니다. 가는 바늘이 종이를 관통할 수 있는 것은 한 점에 힘이 집중하기 때문입니다.

구체적으로 어떻게 해야 할까요?

'5W, 1H, 1F'로 생각하기를 권합니다.

누가(WHO) → 한 명

무엇을(WHAT) → 하나의 업무

언제(WHEN) → 한순간

어디서(WHERE) → 한 곳

왜(WHY) → 하나의 이유

어떻게(HOW) → 한 가지 방법

얼굴(FACE) → 하나의 역할

그럼 이제부터 하나씩 자세히 알아보겠습니다.

한 사람에게 집중하기

●

고객이나 대상이 되는 사람을 한 명 정해서 그 사람에게 집중합니다. 큰 거래처의 주요 인물에게 집중하든지, 눈앞에 있는 고객에게 집중하든지, 중요한 사람에게 집중하자는 말입니다.

하나의 업무에 집중하기

●

많은 일을 내려놓았기 때문에 한 가지 일에 집중할 수 있습니다. 눈앞의 일이나 작게 분해한 한 가지 업무에 집중하세요.

업무는 작고 적을수록 시작하기 쉽습니다. 영업 담당자라면 하나의 상품이나 하나의 캠페인에 집중하는 것입니다. 업무가 몇 가지가 된다면 지금 무엇에 집중해야 하는지를 확인한 후에 하나에 집중합니다.

한순간에 집중하기

●

정해진 시간에 집중합니다. 이 시간만은 한 가지 일에 집중하겠다고 정합니다. 필자가 신입사원이었을 때 상무이사였던 가미타니 마사유키(紙谷正之)는 다음과 같은 가르침을 주었습니다.

"만약 일이 잘 안 풀리면 한 달만 모든 것을 다 던지고 일에 집중해라. 노는 것도 TV, 오락도 뭐든지 다 내려놓고 휴일도 일만 생각하며 지내라. 계속 그런 생활을 하라는 건 아니다. 단 한 달만 집중해봐라. 그러면 길이 열린다."

빈둥거려서는 일을 잡고 있다고 해서 집중력이 지속되지 않습니다. 하지만 시간을 한정하면 높은 집중력을 유지할 수 있습니다.

한 달이 아니더라도 일주일만이라도, 아니면 하루, 한 시간 혹은 10분만, 1분만이라도 시간을 제한해서 집중해보세요.

한 곳에 집중하기

●

한 곳, 한 지역, 한 국가에 집중합니다. 대상이 되는 지역이나 장소 또는 한 점포, 한 지점, 한 부문, 한 팀, 한 그룹, 한 조직 등 대상을 좁혀 가면 순발력이나 집중력이 극적으로 높아집니다.

동남아시아를 담당하고 있는 해외 영업자라면 중점 대상국을 한 국가로 정하는 것도 '한곳에 집중하기'에 해당됩니다.

세계에 사랑의 노래를 전하고 싶다는 싱어송라이터 스와준(すわじゅん)이 미얀마에서만 집중적으로 활동한 결과 일본인 가수로서 미얀마에서 큰 인기를 끌고 있는 것 역시 '한 곳에 집중하기'의 예라고 할 수 있습니다.

하나의 이유에 집중하기

●

일을 할 때 관련 부문으로부터의 요구가 마구 나오면 누구의 말을 들어야 할지 혼란스러워집니다. 가장 좋은 것은 모든 이해관계자를 만족시키는 지점을 찾는 것이지만, 그것도 마음대로 되지는 않습니다. 그럴 때는 모든 것을 다 내려놓고 하나의 목소리에 집중하세요. '무엇을 위해 하는가' 라는 목적에 따라 행동한다면 충분히 상황을 타개할 수 있습니다.

비즈니스에서 혼란스러운 상황을 정리하는 데 제일 좋은 것은 바로 고객의 목소리입니다. 고객을 위해 무엇을 할 수 있을까, 어떻게 하면 좋을까 등 고객을 소중히 여기는 것을 행동의 이유로 두면 쓸데없는 문제를 배제할 수 있습니다. 기업이념이나 사업목적 등과 같은 이유 하나에 집중하는 것으로도 문제를 해결하는 데 큰 진전을 볼 것입니다.

한 가지 방법에 집중하기

●

세상에는 다양한 방법이 있습니다. 보편적인 정답도 존재하지 않습니다. 만약 정답이 있다면 상황에 따른 정답, TPO(Time, Place, Occasion)에 맞는 정답이 있을 뿐입니다.

자, 이제 무수하게 많은 방법을 다 내려놓고 그 타이밍에 따른 최적의 방법을 발견하여 그것에 집중하고 실행합니다. 해보고 잘 안 풀리면 반성하고 또 다른 방법에 집중합니다.

애매모호하고 철저하지 못하면 무엇이 나쁘고 무엇이 좋은지 모릅니다. 할 때에는 하고, 하지 않을 때에는 하지 않습니다. 방법을 정하지 못하고 있다면 일단 한 가지 방법을 정하고, 바로 실시하는 편이 좋습니다.

하나의 역할에 집중하기

●

회사에서는 회사원으로서의 얼굴, 거주지에서는 지역주민으로서의 얼굴, 동아리에서는 회원으로서의 얼굴, 집에서는 아버지 어머니 아들딸로서의 얼굴 등 사람은 역할에 따라 다양한 얼굴을 가지고 있습니다.

한 사람이 여러 가지 얼굴을 가지고 있는 것이 당연합니다. 하지만 모든 것을 내려놓은 후에는 어떤 얼굴을 하고 있을지 선택하고 그것에 집중해야 합니다.

회사에서 인터넷 달력으로 스케줄을 관리하고 있는 사람이 있습니다. 그런데 그가 가족을 위한 휴일 일정을 인터넷 달력에 적어 넣는다면? 합리석으로 보일 수도 있습니다. 하지만 이는 회사원으로서의 얼굴로 가정의 일을 하고 있는 것입니다. 가정에서는 가정의 얼굴이 필요합니다.

마음을 비우고 어떤 역할을 선택할 것인지 정하세요. 그리고 정했다면 그 역할에 집중하세요.

1%에 집중하는
방법

앞에서 필자는 "내려놓고 전심전력을 다해 힘을 하나에 집중시키는 것이 중요하다"고 말했습니다. 그런데 대상을 하나로 좁히기는 했는데 최선을 다할 수 없는 경우도 있습니다.

애써 다른 것들을 내려놓고 100% 힘을 사용할 준비가 되었는데, 기분 때문에 힘이 분산된다면 안타까운 일이 아닐 수 없습니다.

100%의 힘을 발휘하려면 우리는 어떻게 해야 할까요?

우리들의 생명력은 사고, 감정, 말, 행동의 네 가지로 발현됩니다. 이 네 가지 요소는 기분에 영향을 끼치고 실행력을 좌우합니다. 실행력을 100%로 향상시키기 위해서는 이 네 가지 요소가 일관성을 가져야 하는 것입니다. 그런데 대부분의 사람은 이 네 가지 요소에 일관성이 없습니다.

　가령 영어를 잘 하고 싶은데 생각대로 되지 않는 사람이 있다고 합시다. 그에게 있어서 이 네 가지 요소는 다음과 같은 상태입니다.

사고	영어를 잘하고 싶다고 '생각한다'
감정	영어는 잘 못해서 하고 싶지 않다고 '느끼고 있다'
말	영어공부를 하고 싶다고 '말하고 있다'
행동	교재를 구입했지만 보려 하지 않는 '행동을 하고 있다'

　이처럼 네 가지 요소는 제각각입니다. 여기에 일관성이 부여되면 다음과 같습니다.

사고	영어를 잘하고 싶다고 '생각한다'
감정	영어공부를 너무 하고 싶다고 '느끼고 있다'
말	영어공부를 하고 있다고 '말하고 있다'
행동	구입한 교재로 매일 공부하는 '행동을 하고 있다'

네 가지 요소가 일관되게 연결되면 실행력이 보다 향상됩니다. 만약 일관되지 않은 요소가 있다면 일관되도록 조정합니다.

감정적으로 '영어를 못한다' 고 느끼고 있다면 이 감정을 불식시키기 위한 행동을 해야 합니다. 중학교 영어를 들여다보고 잘 알고 있는 자신을 확인해보고, 유아용 영어교재를 들여다보고 그 내용을 이해하는 자신을 확인해봅니다. 그래서 '못한다'는 착각을 불식시킵니다.

사고도 감정도 말도 모두 '영어를 공부한다'는 일관성을 갖게 되었다면, 이제 행동해야 합니다. 행동하기 어렵다면 조금이라도 실행 가능하도록 간단한 행동목표를 세웁니다. '매일 교재를 본다', '매일 한 문장만이라도 음독을 해본다'는 등의 행동으로 일관성을 확보합니다.

일관성이 결여된 채 진행해나가면 혼란스러워서 실행력이 위축됩니다. 일관성을 갖고 유지해나가면 실행력이 강해집니다.

우선 이 네 가지 요소를 체크하고 일관성이 있도록 만들어가세요. 그 성패에 따라 실행력을 100%로 상승시킬 수 있을지가 결정됩니다.

기분 전환과
관점 바꾸기

지금까지 필자는 행동을 제한하는 다양한 신념, 공포, 불안, 습관 등을 내려놓으라고 말했습니다.

머리로는 이해하지만 도저히 내려놓을 수 없다는 사람도 있을 것입니다. 그러나 기분과 관점을 바꾸는 것만으로도 의외로 쉽게 내려놓을 수 있다는 것을 알아야 합니다.

'일을 지나치게 많이 끌어안고 있는 상태'가 이어지면 늘 분주하고 바쁘기만 합니다. 호흡도 약하고 주의가 분산되며 이런 저런 일들에 꽤 신경이 쓰입니다. 그중 하나의 업무를 끝내도 끝났다는 희열을 맛보기도 전에 다음 일을 하므로 늘 마음이 불안정하기만 합니다.

이런 상태가 지속되면 우울해집니다. 아무것도 하고 싶지 않다는 기분까지 듭니다. 그리고 이런 상태가 고정화되면 꼼짝달싹도 못하는 상태가 됩니다. 악순환이 시작되는 것입니다.

악순환을 끊으려면 기분을 바꾸는 것이 중요합니다. 필자는 지난 저서 《결국 '당장 하는 사람'이 모든 것을 가진다》에서 기분을 전환하는 다섯 가지 원칙을 소개했습니다.

1. 기분은 바꿀 수 있다고 인식한다.
2. 감정표현의 세 요소(표정, 동작, 언어)를 바꾸면 기분이 바뀐다.
3. 생각을 떠올리는 것만으로 기분은 바뀔 수 있다.
4. 생각하는 것만으로 기분전환이 된다.
5. 기분은 전달할 수 있다.

기분은 당신을 능동적으로 전환시킵니다. 즉, 스스로 선택하는 것을 가능하게 합니다. 그러니 기분을 바꿔서 '일을 지나치게 많이 끌어안고 있는 상태'에서 빠져나오세요.

내려놓았다면 다음에는 의식적으로 집중상태를 만듭니다. 이것도 '기분을 전환하기 위한 5원칙'을 응용하면 간단해집니다.

집중상태를 떠올린다

●

지금부터는 과제에 집중할 때 먼저 '생각을 떠올리는 것만으로도 기분을 바꿀 수 있다'는 원칙을 사용해봅시다.

지금까지의 인생에서 무언가에 몰두하고 집중했을 때를 떠올려봅니다. 집중한 적이 단 한 번도 없는 사람은 아마 없을 겁니다. 어릴 때이든 학창 시절이든 사회인이 되고 나서든 언제든지 상관없습니다. 그것이 단 몇 분이었든 몇 시간이었든 전혀 상관없습니다.

그런 경험이 하나라도 떠올랐다면 그때의 상황을 보다 구체적으로 기억해냅니다. 당신은 어디에 있었고 누구와 함께였으며 그때 어떤 소리가 들렸는지 또 머릿속에서 어떤 말이 떠올랐는지 자세하게 떠올리세요.

그런 다음 그때 당시의 몸이 어떤 감각을 느꼈는지도 떠올려봅니다. 떠올렸다면 그 감각을 한마디로 표현해봅니다.

- 정신없이 몰두한 체험
- 시간이 멈춘 듯한 정숙한 시간 속에서 집중한 체험

등등 자신이 그 체험을 떠올리는데 적절한 표현을 선택해서 문장으로 적어봅니다.

문장이 결정되었다면 그 문장을 소리 내서 말하면서 그때의 경험을 떠올려봅니다. 의외로 쉽게 집중할 수 있을 것입니다.

이상적인 집중상태를 상상한다

또한 '상상하는 것만으로 기분이 바뀔 수 있다'는 원칙을 사용한 다른 방법도 있습니다.

앞으로 할 과제가 완료된 후의 광경을 떠올려보는 겁니다. 어떤 상태로 끝나면 최고의 기분을 맛볼지, 진심으로 기뻐하는 상황을 상상해보세요.

그리고 주변에서 들릴 소리와 보일 그 무언가를 충분히 느낀 다음 몸이 반응하는 감각을 문장으로 표현해봅니다.

과제를 완료한 후의 느낌과 문장이 떠올랐다면 지금 필요한 집중상태를 떠올립니다. 예를 들면 다음과 같은 상태입니다.

- 기세 좋게 일하는 상태
- 조용하게 집중하고 있는 상태
- 가볍게 힘없이 흐르는 물 같은 상태

자신에게 필요한 집중상태가 이미지화되었다면 집중상태에 있는 자기 자신을 상상해봅니다. 그리고 그 과제를 하고 있는 상태를 상상하고 집중하고 있는 자신의 상태가 지금의 현실인 듯 상상해봅니다.

상상했다면 이제 그 상태를 표현할 수 있는 문장을 결정합니다. 그리고 문장이 결정되면 그 문장을 소리 내서 말해보고 자신이 원하는 집중상태를 온 몸으로 느끼세요. 바로 그런 상태에서 과제를 시작하는 겁니다.

이러한 과정을 이용하면 지금까지 체험한 적이 없는 집중상태에까지 금방 도달할 수 있을 것입니다.

타인의 집중을 흉내 낸다

●

만약 자신의 주변에 이상적인 집중상태를 체험한 사람이 있다면 '기분은 전달된다'는 원칙을 응용해서 그 집중상태를 벤치마 킹합니다.

우선 지금부터 하는 과제가 필요로 하는 집중상태를 상상해 보십시오. 그리고 그 이미지에서 연상되는 사람을 이미지화합 니다.

이미 그런 상태에서 일을 하고 있는 사람이 있지 않을까요? 선배나 상사나 후배 중에 있을 수도 있고 프로선수나 역사상 인 물일 수도 있습니다. 실재 인물일 수도 있고 가공일 수도 있습 니다. 그런 건 상관없습니다. 집중상태를 몸으로 표현하고 있는 사람이면 됩니다.

그런 인물을 발견했다면 그 인물의 특징을 잘 떠올려봅니다. 얼굴 생김새, 자세, 동작, 말투 등 세밀한 부분까지 떠올려 자신 이 그 사람으로 빙의가 되어봅니다. 상상력을 충분히 발휘하여 흉내를 내보는 것입니다.

그 사람이 되어보면 의식상태까지 알게 될 것입니다. 이것이 적극적으로 타인의 의식상태를 받아들이는 방법입니다.

감정표현의 3요소를 사용한다

●

지금까지 언급한 집중상태를 언제 어디서나 쉽게 할 수 있는 '감정표현의 세 요소', 즉 '표정과 동작과 말'을 알아두면 편리합니다.

집중하고 있을 때의 표정과 그때의 자세와 동작, 그리고 그 기분을 나타내는 말을 기억해 두는 것입니다. 가령 눈을 확실하게 뜨고 진지한 표정을 지으며 자세를 올바르게 하고 해보자며 마음속으로 혼잣말을 합니다.

이것이 '감정표현 3종 세트'입니다. 표정과 동작과 말의 세트를 재현하는 것으로 한순간에 집중상태를 만들 수 있습니다. 특히 표정근은 감정과 직결되어 있으므로 얼굴 표정을 단번에 바꿀 수 있을 뿐만 아니라 바로 집중 모드로 진입할 수 있습니다. 갑자기 의욕이 생긴 사람을 '표정이 바뀌었다'고 표현하기도 하는데, 이는 의식상태가 바뀌게 되면 이내 표정도 바뀐다는 의미입니다. 따라서 이와 반대로 표정을 바꾸는 것만으로도 의식을 바꿀 수 있는 것입니다.

또한 전자는 '관점의 전환'으로 상황을 타개할 수 있습니다.

자신의 관점에 집착해버리면 시야가 한정됩니다. 그래서 자신에게 유리한 정보를 발견하기도 어렵고, 타인과의 협동관계도 구축하기 어렵습니다. 이런 점을 피하기 위해서라도 타인의 관점에 서서 사물과 상황을 바라보아야 합니다.

고객의 입장, 타 부문의 입장, 상사의 입장 등 각각의 관점이 다릅니다. 다른 관점으로 보는

풍경과 의미를 음미하면 경직된 현재상태가 온화해지고 새로운 세계가 보입니다. 그리고 그렇게 되면 이상하게도 해결책이 보입니다.

'지나치게 많이 끌어안고 있는 상태'에서도 타인의 관점으로 보면 의외로 쉽게 탈출의 길이 보이기도 합니다.

도무지 내려놓지 못하는 사람을 위한 몸 사용법

●

여기에서는 기분과 관점을 바꾸기 위한 효과적인 방법을 몇 가지 소개하고자 합니다. '내려놓기'를 위해서는 기분을 전환하고 걱정이 없는 중립적인 상태를 만들어야 합니다.

무언가에 얽매여 있다는 것은 의식이 그런 상태라는 말입니

다. 그러나 의식을 직접 조작하는 것은 불가능합니다. 대신 몸을 움직여서 간접적으로나마 의식상태와 기분을 전환합니다.

가령 워킹이나 조깅 등 단순한 동작으로 땀을 흘려도 기분은 전환됩니다. 단 몇 분만이라도 그렇습니다. 동작을 멈춘 다음에는 편하게 쉬는 자세로 심호흡을 합니다. 그러면 아무것도 떠올리지 못하는 몇 초 동안, 몇 십 초 동안의 시간이 찾아올 것입니다. 그 시간이 바로 '내려놓은 상태'입니다.

대부분의 무술에서는 연습에 들어가기 전과 후에 '묵상'을 하곤 합니다. 묵상은 기분을 전환하고 여러 가지를 내려놓는 연습이 되기도 합니다.

무술뿐만이 아니라 에어로빅이나 피트니스 클럽에서의 근육 트레이닝이나 스트레칭을 한 다음에도 잠시 눈을 감고 묵상하면 마음을 정돈할 수 있습니다. 운동 후에 눈을 감고 호흡을 정돈하면서 중립적인 의식상태에 들어가는 것입니다.

묵상만을 하기보다는 몸을 움직이면서 모든 것을 내려놓습니다. 운동 중에는 평상시의 일을 잊고 그 후에 묵상을 하면 더 기분이 중립적이 됩니다. 비로소 다 내려놓는 의식상태가 되는 것입니다.

도무지 내려놓지 못하는 사람을 위한 목소리 사용법

●

운동을 잘 못해서 몸을 움직이고 나서 묵상하는 것이 편하지 않은 사람은 '목소리를 사용하는 방법'을 시험해보세요.

심호흡을 하면서 숨을 토할 때 성대를 진동시켜 목소리를 냅니다.

"아~!"

"우~!"

"오~!"

주로 모음을 길게 내보는 겁니다. 호흡에 맞춰서 몇 분간 소리를 냅니다. 발성에 집중하고 몰두하는 것이 중요합니다.

발성을 멈추고 나서는 심호흡을 하면서 묵상에 잠깁니다. 아무것도 떠오르지 않는 상태에서 호흡에 의식을 집중합니다. 무언가가 떠올랐다 하더라도 그냥 그대로 호흡에 의식을 집중시킵니다.

발성은 모음만이 아니라 짧은 문장이나 긴 문장을 몇 번이고 반복해서 발성해도 상관없습니다. 어떤 명상 지도자는 그날 신문을 보고 랜덤으로 선택한 부분의 글귀를 반복해서 말하는 것으로 명상을 실천하고 있다고 합니다. 그 지도자는 의미가 있는 말을 하든 의미가 없는 구절을 읽든 명상에 있어서는 효과가 크게 다르지 않다고 주장합니다.

그렇다면 '중요한 것만 남기고 버려라'라는 책의 제목을 몇 번이고 반복하는 것도 효과적이라고 할 수 있겠습니다.

소리를 내고 호흡에 의식을 집중시키면서 다양한 잡념을 내려놓으세요.

웃음으로
기분을 바꿔본다

내려놓는 데 최고의 수단은 웃음입니다.

웃는 그 순간에 다른 것은 생각할 수 없습니다. 배를 부여잡고 숨이 넘어갈 정도로 웃을 때에는 다른 것은 아무것도 생각나지 않습니다. 단지 재미있어서 웃을 뿐입니다. 그 순간 우리는 전부 내려놓은 상태가 됩니다.

내려놓고 싶은 순간이 찾아오면 웃어보세요.

웃기 위해서는 웃을 거리를 보거나 듣거나 해야 합니다.

웃기 위한 재료는 어디서나 쉽게 발견할 수 있습니다. TV 속에는 코미디 프로그램으로 넘쳐납니다. 일상생활 속에도 "큭"하고 웃게 되는 순간이 있습니다.

누군가와 이야기할 때 "재미있는 얘기 좀 들려주세요"라고 부탁해보는 것도 한 방법입니다.

여러분도 혹시 그런 얘기를 알고 있다면 남에게 얘기를 해주세요. 함께 웃으면 분위기가 부드러워질 뿐 아니라 함께 다양한 고민들과 생각들을 내려놓을 수 있습니다.

어떤 조사(〈프레지던트(PRESIDENT)〉지 2011년 10월 3일호)에 따르면 능력 있는 사람은 남을 잘 웃긴다고 합니다. 연 수입 1,000만 엔이 넘는 사람의 90% 정도가 프레젠테이션이나 스피치에서 웃음 포인트를 넣는 등의 아이디어를 구사하거나 적절한 농담을 해서 분위기를 부드럽게 만든다고 합니다. 술자리에서 상대방의 농담을 잘 알아듣고 즉각 반응하는 것도 잘한다고 합니다.

확실히 우수한 영업사원은 늘 웃음을 유발하는 몇 가지를 준비하고 있습니다. 직장생활 할 때 가까이 지내던 한 선배는 "얼마전에 웃기는 일이 있었어"라며 재미있는 이야기를 시작했습니다. 그리고 웃음과 함께 늘 고민이나 근심을 날려버렸습니다. 그 덕분인지 선배는 늘 우수한 실적을 올렸습니다.

웃음이 끊어지지 않게 하려면 '더 즐겁게 더 많이 웃자'고 생각하면 좋습니다.

놀이를 하는 마음으로 웃음거리를 찾으세요.

'늘 웃자'라든지 '즐겁다'라고 생각하면 직장에서나 생활 속에서나 웃음거리를 발견하기 쉽습니다. 그러다 보면 웃음의 빈도도 늘어갑니다. 웃는 횟수가 많다는 것은 고민이나 걱정을 내려놓는 횟수도 많다는 말입니다.

긴급 상황이 발생하여 단번에 기분을 바꿀 수 없을 때에는 웃음거리가 없어도 큰 소리를 내서 억지로라도 웃습니다. 이때는 단번에 크게 웃습니다. 웃음은 호흡과 발성의 한 형태입니다. 복근을 흔들어서 몸 전체를 사용해서 크게 웃습니다.

재미있는 일이 없어도 웃는 흉내는 낼 수 있습니다. 웃으면 그 웃음소리가 귀에서 뇌로 전달되어 왠지 즐거운 기분이 됩니다.

그리고 웃음을 멈춘 다음에는 묵상을 합니다. 걱정거리가 웃음의 힘으로 어딘가로 날아가 버린 사실을 깨닫게 될 것입니다.

행동력을 100%로 끌어 올리는
3D 영상 작업

우리는 일상생활에서 다양한 감정을 맛보고 있습니다. 그러므로 그 감정을 부정하거나 분석하기보다는 있는 그대로 받아들이는 것부터 시작합니다.

가령 누군가를 미워하거나 분하다고 생각했을 때에는 '아, 안 돼. 저 사람도 실은 좋은 사람이야'라고 억지로 부정하기 보다는 다음과 같은 말을 자신에게 하는 겁니다.

'미워하는구나.'

'증오하고 있었구나.'

환경이 허락된다면 소리를 내서 말해도 상관없습니다.

"그래. 그렇게 느끼고 있구나."

모든 것을 받아들이십시오.

잠시 동안이나마 그런 다음에는 자신의 내부에서 나오는 소리를 들어보세요. 그때 우리는 무엇을 느끼게 될까요? 또 어떤 것을 알아차리게 될까요?

자, 이제부터 자신의 감정을 인정한 후에 행동력을 100% 상승시키는 방법을 소개하고자 합니다. 풍경을 3D 영상처럼 있는 그대로 생각하는 방법입니다.

1. 메모한다

작은 메모지, 큰 메모지 다양한 색과 모양과 크기의 메모지를 준비해 생각나는 것을 다 적습니다. 그러고 나서 큰 종이에 붙입니다. 좋은 것이든 나쁜 것이든 상관없습니다. 무조건 다 적습니다.

2. 하나만 선택한다

많은 메모 중에서 하나만 눈길을 끄는 것을 고릅니다.

3. 선택한 것이 '실제로 어떻게 되면 좋을까'에 대해 적는다

선택한 메모를 다른 용지에 붙입니다.

그 말을 보면서 그 말에서 연상이 되는 것을 떠올립니다. 좋든 나쁘든 상관없습니다.

그것이 진짜 어떤 식으로 발전하기를 바라는지 마치 3D영상처럼 상상합니다. 가장 기쁘고 가장 두근거리던 풍경을 상상합니다.

그리고 그 장면 속에서 자신은 어디에 있고 누구와 함께 무엇을 하고 있는지를 확인하십시오.

눈앞에 있는 것이나 주변을 둘러싼 풍경에 대해서 관찰해봅니다. 그때 들리는 것을 상상합니다. 사람 소리, 바람소리, 분위기, 마음속에 들리는 자신의 목소리, 배경음악이나 노랫소리 등 마음이 두근거리거나 설레거나 이것이야말로 최고라고 생각되는 풍경 속에서 들리는 소리를 맛보시기 바랍니다.

충분히 상상하고 전신으로 느꼈다면 상상을 그만두고 심호흡을 하고 잠시 호흡으로 의식을 향합니다.

4. 현실화를 위해 가능한 것을 적는다

'이제 어떻게 하면 좋을까?'

미래의 모습을 3D 영상처럼 떠올리는 것만으로도 가슴이 뜁니다.

그런데 현재 생활과 그 가슴 뛰는 미래상 사이에는 길이 있습니다. 가까운 경우도 있고 먼 경우도 있습니다. 그 길을 한 발씩 나아가고 달려가기 위해서는 먼저 어떤 첫발을 내디디면 좋을지 생각해봅니다. '가장 먼저 할 수 있는 작은 실천은 무엇인가'라는 질문을 품은 채 지금 당장 할 수 있는 일을 적어봅니다.

그중에서 가장 자신이 하고 싶고 확실하게 할 수 있는 것을 선택하세요. 그래야만 100의 힘을 1에 주입할 수 있습니다.

행동력을 100%로 끌어올리는 3D 영상작업

① 떠오른 것을 적는다.

큰 메모, 작은 메모 등에 생각나는 것을 전부 적는다.

② 하나만 선택한다.

많은 메모 중에서 가장 신경이 쓰이는 것을 하나만 선택한다.

③ 이상적인 상황을 리얼하게 떠올린다.

선택한 것이 좋지 않아도 사실은 어떻게 되어 있으면 좋을지

3D 영상처럼 리얼하게 이미지화한다.

④ 해야 할 행동을 적는다.

두근거리는 3D 영상을 현실화하기 위해서 해야 할 행동을 적

는다. 가능한 한 실천할 수 있는 작은 일을 적는다.

하나를 선택하고
즉시 행동에 옮기는 방법

'1%에 집중하기'는 행동과 한 세트를 이룹니다. 지금 바로 행동하지 않으면 집중은 흐트러지고, 잡념이 파고들어 행동을 방해합니다. 아무것도 할 수 없다고 푸념하는 사람도 있습니다. 하지만 기억하세요. 행동하지 않았기 때문에 행동할 수 없는 것뿐입니다.

쓸데없는 것들을 내려놓은 후에 해야 할 일은 '지금 이 순간에 할 일'을 선택하고 즉시 행동으로 옮기는 것입니다.

이를 위한 간단한 방법을 소개하고자 합니다.

가장 먼저 해야 할 것은 모든 것을 내려놓고 자신의 머릿속을 텅 비우는 것입니다. 우선순위도 인간관계도 돈과 일에 대한 불안도 한꺼번에 다 내려놓고 텅 빈 상태를 만드세요.

그리고 해야 할 일을 10분 안에 정리합니다. 지금 해야 할 일, 지금 바로 가능한 일, 자신의 인생에서 가장 중요한 것으로 이어지는 것을 발견하세요.

시간은 10분이면 충분합니다. 흰 종이에 망설임 없이 적어보세요. 몇 가지 적었다면 직감적으로 어느 것이 가장 중요한지 선택합니다.

10분이 너무 짧다는 사람이 있을지도 모르겠습니다. 하지만 시간을 제한하지 않으면 언제까지고 생각만 하다가 움직이지 않게 될 가능성이 높습니다. 중요한 것은 '지금 당장', '이 순간'의 1%를 잡는 것입니다.

10분 안에 정리할 수 있다면 적어도 10분간은 그 과제에 집중합니다. 예를 들면 다음과 같이 하는 것입니다.

- 미래에 사업을 하기 위해 블로그를 개설한다.
- 체력 단련을 위해 10분간 워킹을 한다.
- 구입해놓고 읽지 않았던 책을 읽는다.
- 미래에 만화가가 되기 위해 데생 연습을 시작한다.

뭐든지 좋습니다.

위에 설명한 순서가 중요한 이유는 이 순서대로 해야만 1%에 집중하는 것이 습관이 되기 때문입니다.

늘 해야 할 일과 최우선 사항을 발견하세요. 그리고 하루에 한 번은 꼭 하세요. 1%에 집중하는 습관이 생기면 생각하는 속도, 행동으로 옮기는 속도도 빨라집니다.

집중력을 높여주는 음악을 활용한다

●

스포츠 선수 중에는 시합 전에 자신의 기분을 고양시키기 위해 음악을 듣는 이들이 많다고 합니다.

음악은 기분 전환에 좋은 수단입니다. 1%에 집중하고자 할 때 적당한 음악을 선택해서 들어보세요. 곡에 따라 사용하는 장면이 다릅니다.

- 활력이 넘치는 곡
- 정신을 맑게 하는 조용한 곡
- 즐거운 곡

어떤 곡을 들었을 때 자신의 집중력이 높아지는지 다양하게 시험해보는 것도 좋습니다. 기분 따라 들을 수 있게 몇 곡 정도 준비해두고 언제든지 들을 수 있도록 해두세요. 그러면 그때그때 기분에 따라 집중할 수 있는 분위기를 형성할 수 있습니다.

팝송이나 클래식만이 아니라 환경 음악이나 힐링 음악 등 특수한 목적을 가진 음악이나 의식을 가다듬는 데 효과적인 효과음이 들어간 헤미싱크의 메타뮤직 등도 시험해볼 가치가 있습니다.

또한 과거 수험생일 때 들은 곡이나 철야작업을 할 때 듣던 곡처럼 과거에 체험했던 음악을 선택하는 것도 하나의 방법입니다.

글을 맺으며

'지금 이 순간'을
살 수 있는 사람만이
세상을 바꾼다

인생의 기적을 발견하는
작업

지금까지 이 책을 읽으면서 여러분은 많은 것을 내려놓았습니다. 그중에는 내려놓기가 무척 어려운 것도 있었을 것입니다. 괜찮습니다. 이 책을 몇 번이고 다시 읽으면서 자기 자신에게 물으십시오.

"정말로 내려놓을 수 없는가?"
"어떻게 하면 내려놓을 수 있는가?"
"내려놓은 후에 어떤 것을 하고 싶은가?"

이렇게 자문자답을 해보는 겁니다.
내려놓아버리면 아무것도 남아 있지 않다고 느끼는 사람도 많을 것입니다. 모두 '내려놓으면' 자기 자신이 아니라는 느낌에 당황하는 사람도 있을 것입니다.

그러나 걱정하지 마세요. 누구나 지금까지 살아오면서 많은 은혜를 입어왔습니다. 그리고 그렇게 해서 이미 여러분은 많은 보물을 가지고 있습니다.

그런 의미에서 이제부터는 자신의 인생을 되돌아보는 작업을 소개하고자 합니다. 이른바 '인생의 기적을 발견하는 작업'입니다.

태어나서 지금까지 경험한 것들 중에서 다음 내용을 떠올려봅니다.

- 잘나가던 체험
- 극복한 체험
- 감동한 체험
- 달성한 체험
- 도움을 받은 체험
- 아슬아슬하게 맞춘 체험
- 도전한 체험

- 성장해온 체험
- 밑바닥에서 벗어난 체험

하나하나의 체험을 쓰고 문장 끝에 "~했다. 그것은 그야말로 기적이었다"는 구절을 덧붙입니다. 그렇게 하면 다음과 같은 문장이 완성됩니다.

- 나는 초등학교에 입학했다. 그것은 그야말로 기적이었다.
- 나는 태어났다. 그것은 그야말로 기적이었다.
- 나는 버스 여행을 무사히 다녀왔다. 그것은 그야말로 기적이었다.
- 나는 지금의 회사에 입사했다. 그것은 그야말로 기적이었다.

그 체험이 기적이었다고 표현하는 것입니다. 그 기적의 순간을 다시 한 번 떠올리며 음미합니다.

그런데 이런 작업을 해보면 이상하게도 '모든 것은 기적이 아닐까'라는 생각이 든다는 것입니다.

필자의 예를 들어보겠습니다. 20대 때의 일입니다. 막 회사에 입사한 신입사원일 때였지요. 지방의 한 거래처에 영업차 매일 방문하고 있었습니다. 어느 날이었습니다. 고속도로를 운전하고 있었는데, 전날 철야를 해서인지 무척 피곤했습니다. 그러다 보니 어느새 졸음운전을 하고 있었습니다. 다행히 교통사고가 나지는 않았지만, 지금 생각해도 가슴이 서늘해지는 경험이었습니다.

이것을 한 문장으로 정리하면 이렇습니다.

"고속도로에서 졸음운전을 했지만 사고가 나지는 않았다. 그것은 그야말로 기적이었다."

필자는 정말로 기적이었다고 생각합니다. 사고가 나지 않았던 것도, 필자가 무사하게 살아난 것은 정말로 기적이었다고 생각합니다. 지극히 개인적인 내용이므로 각자 스스로 찾아보는 것이 중요합니다.

기적을 찾게 되면 분명 자기 자신이 기적의 존재라고 외치게 될 것입니다. 나 자신이 기적적인 존재라는 것을 알려주는 작업이므로 꼭 해보길 바랍니다.

세 가지 질문을
받자

'만약 우주나 세계에 인격이 있어서 우리들에게 말을 건다면 어떤 말을 할까?' 하고 생각한 적이 있습니다. 우주는 과묵해서 쉽게 말을 걸지 않습니다. 하지만 진짜 중요한 일에 대해서는 우리들에게 질문을 던지고 있는 게 아닐까, 하는 생각이 듭니다.

그 질문은 다음 세 가지로 수렴됩니다.

① 진정으로 무엇을 하고 싶은가?

② 진정으로 누구와 있고 싶은가?

③ 지금 무엇을 하고 있는가?

① 진정으로 무엇을 하고 싶은가?

이것은 꿈 실현 코칭에서 주로 사용되고 있는 아주 중요한 질문입니다.

인생은 다양해서 굴레, 의무, 책임 등이 우리들을 구속합니다. 그래도 우주는 우리들에게 "진정으로 무엇을 하고 싶은가?" 하고 묻습니다. 그러면 우리는 간단하게 대답하면 됩니다. 하지만 대부분은 그러지를 못합니다.

"아니, 지금 회사에서 이런 저런 일이 있어서 하고 싶은 걸 생각할 수 없고, 상사가 하라는 대로 그냥 하는거지, 뭐."

불만 가득한 변명을 쏟아내는 것입니다.

하지만 우주는 포기하지 않고 끈질기게 질문합니다.

"진정으로 무엇을 하고 싶은가?"

② 진정으로 누구와 있고 싶은가?

이 질문은 아래와 같은 다양한 의미가 담긴 질문입니다.

- 누구와 있고 싶은가?
- 누구를 사랑하고 싶은가?

- 어떤 사람과 일하고 싶은가?
- 어떤 사람과 어떤 관계를 맺고 싶은가?

우주는 단도직입적으로 짧게 묻습니다.

마음을 비우고 스스로에게 물어보세요. 그러면 정말 누구와 있고 싶은지 알 수 있습니다. 답이 나왔다면 이제는 그 사람과 함께 있을 수 있는 방법을 찾아야 합니다.

③ 지금 무엇을 하고 있는가?

우리에게는 내일 할 일, 미래의 구상, 과거의 업적, 옛 추억 등 다양한 경험과 생각들이 존재합니다. 하지만 우주는 "지금 무엇을 하는가?"라고 특정해서 묻습니다. 어제 무엇을 했는지, 내일 무엇을 할 예정인지는 관심이 없습니다. 그저 "지금 무엇을 하는가?"라고 묻습니다.

이 질문에 답하기 위해서는 '지금 당장 무엇부터 시작해야 하는지'를 생각해야 합니다. 생각이 떠오르는 대로 "이걸 하고 싶다"라고 말하면 '정말 그런가?'라는 눈으로 다시 한 번 질문을 당합니다.

"지금 무엇을 할 것인가?"

'현재도 과거도 미래도 꿰뚫어보고 지금 해야 할 일을 한다', 이것이 바로 최선을 다하는 것입니다.

우주가 그렇게 물을 때 "괴롭지만 어쩔 수 없다", "재미없지만 어쩔 수 없다", "어차피 이런 것밖에 할 줄 모른다"고 계속 답하면 될까요?

누구나 우주로부터 위의 세 가지 질문을 받습니다. 하지만 우리는 쓸데없는 것에 마음을 빼앗겨 갈등하고 자기 자신을 규제합니다. 타인이나 환경이 우리들을 규제하기도 합니다.

그러나 우주만큼이나 규모가 큰 세계는 모든 것을 허용합니다. 때문에 세계에는 전쟁도 가난도 폭력도 악덕도 만연하는 것입니다. 동시에 조화도 평화도 풍요로움도 사랑도 미덕도 존재합니다.

모든 것은 우리의 선택에 달려 있습니다. 세상은 질문만 던지고 그저 지켜보고 있을 뿐입니다.

지금 이 순간을 살 수 있는 사람은
인생을 100% 즐길 수 있다

철이 들기 훨씬 전, 어렸을 때는 타인의 기대에 부응하려 하지 않습니다. 그래서 그 어떤 것에도 얽매이지 않고 매 순간순간을 살아갈 수 있습니다.

아마존에 사는 피타한 부족의 언어에는 과거형도 미래형도 없다고 합니다. 눈앞에 있는 것 이외의 것을 표현할 수 있는 단어가 없다는 말입니다. 이는 곧 그들의 가치관이 눈앞에 있는 것에만 의미를 둔다는 뜻입니다.

음식은 하루 이상 먹기 위해 저장하지 않고 또 하루 이상의 계획을 세우지도 않는다고 합니다. 과거는 오늘 이전의 일이므로 말할 가치가 없습니다. 미래도 지금 현재 존재하지 않는 것이므로 말할 가치가 없습니다. 지인의 지인으로 만난 적도 없는 사람에 대한 이야기를 하는 것은 더더욱 말도 안 됩니다. 피타한은 이러한 가치관을 가지고 살고 있습니다.

그래서 이런 일이 있었습니다. 한 미국인 선교사가 선교를 위해 피타한 마을에 들어갔습니다. 그는 예수 그리스도가 인류의 죄를 속죄하기 위해 십자가에 못 박혔다는 이야기를 하면서 눈물을 흘렸습니다. 하지만 피타한 사람들은 오히려 박장대소를 하며 비웃었습니다.

이유를 알 수 없었던 선교사는 분개했습니다. 하지만 피타한 사람들로서는 아주 먼 옛날 사람인 데다 직접 만난 적도 없는 사람의 이야기를 하는 것 자체가 난센스였던 것입니다. 게다가 그런 사람 때문에 우는 선교사가 바보 같았던 것입니다.

피타한 부족 사람처럼 지금 현재의 순간을 살기란 문명의 혜택 속에서 살고 있는 우리들로서는 어려울 수 있습니다. 그러나 과거나 미래에 얽매이지 않고 '지금 현재만'을 의식한다면 마음은 한층 더 가벼워질 것입니다.

일을 지나치게 많이 끌어안고 있다는 것은 무언가를 꽉 잡고 있는 상태라고 할 수 있습니다. 그리고 그렇게 될 수밖에 없는 이유는 타인의 기대, 자신의 성공, 당위적 프로세스 등의 외적 요인과 불안, 걱정, 공포, 성격 등의 내적 요인에 있습니다.

내적 요인도 잘 살펴보면 타인의 기대에 부응하겠다는 생각으로 이어집니다. 타인의 기대에 부응하려는 마음이 크면 클수록 많은 일을 끌어안게 됩니다.

일을 지나치게 많이 끌어안고 있다면, 그래서 어떻게도 못하고 있다면, 그럴 때일수록 더욱 자신의 내면과 대화해야 합니다. 그래야만 상황이 타인의 기대가 아니라 자신의 기대에 부응할 수 있게 개선됩니다.

"진정으로 원하는 것이 무엇인가?"

"현실에는 제약뿐이지만 어떤 제약도 없다면 어떻게 하고 싶은가?"

그런 질문을 자신에게 던지고 내면의 소리에 귀를 기울여보세요.

그리고 지금 이 순간을 살아가세요.

어릴 적 자신으로
되돌리자

걱정에서 해방되고 마음과 머리가 깨끗해진 상태라는 것은 어떤 상태일까요?

사람에 따라서는 혼란이 없는 상태라든지 아이디어가 잘 떠오르는 상태라든지 마음이 흔들리지 않고 잔잔한 상태라든지 또는 시간의 흐름에서 한 발 물러선 상태, 아니면 그곳에 자신만 존재하고 있는 듯한 감각 상태 등 다양하게 느낄 수 있을지도 모릅니다.

실은 그런 상태를 우리는 어렸을 적에 체험했던 게 아닐까 생각합니다. 열중해서 모래놀이를 했던 때, 그림 그리기에 몰두하고 있던 때, 술래잡기를 열심히 하던 때, 들과 산을 마구 돌아다니던 때에는 지금과 같은 불안이나 걱정이 전혀 없었습니다.

프로세스 지향 심리학의 창시자이자 노자의 가르침과 호주 원주민 애보리진(Aborigine)의 샤머니즘과 융의 심리학을 융합하고 통합한 아놀드 민델(Arnold Mindell)은 일본에서 개최된 세미나에서 다음과 같이 말했습니다.

"효자가 말한 도(道)는 아이를 보면 안다. 그것이 도다."

아이는 우는가 싶으면 갑자기 웃습니다. 한마디로 기분전환의 달인입니다. '지금 이 순간'을 살고 있기 때문에 가능한 일입니다. 아이는 과거에서 현재로 이어지는 굴레에서 해방되어 있습니다.

우리 인간은 원래 순간을 살던 존재였습니다. 그러나 어른이 되어가면서 일도 하고 책임을 지게 됩니다. 그러다 보니 순수하고 타협하지 않는 존재로는 견딜 수 없게 됩니다.

만약 5분이든 10분이든 일상에서 벗어나 걱정을 내려놓고 무심해질 수 있다면 생활에 약간의 여백이 생길 것입니다. 어려운 명상법은 몰라도 내려놓은 상태를 만들 수 있다면 마음에도 공간을 만들 수 있습니다. 그곳에서 변화가 시작됩니다.

꿈을 비웃는 사람들과 이별하고
자신을 믿자

꿈꾸지 말라는 말을 듣고
희망은 짓밟히고
욕망은 더러운 것으로 취급당하고
소망은 무리라는 말을 듣고
의지는 비웃음을 당한다.

이런 세상에 만족하시나요?

'꿈'은 마음속 깊은 곳에 숨어 있는 생각을 구체적으로 표현한 3D 영상입니다. 자면서 보는 꿈도, 가슴 설레는 미래에 대한 꿈도 마찬가지입니다. 생각을 형태로 구체화한 것입니다.

'희망'은 여기에 없는 것을 멀리서 바라고 별처럼 지향하는 것입니다. 그것은 삶의 지침이 됩니다.

'욕망'은 지금의 육체와 현실에 뿌리를 내리고 살려는 에너지입니다. 가득 차 있지 않으면 강렬하게 우리를 흔듭니다. 하지만 가득 차게 되면 저절로 가라앉습니다.

'소망'은 이지적이고 추상적인 소원입니다. 또한 시간과 공간의 제약을 뛰어넘고자 하는 에너지입니다.

'의지'는 에너지의 방향성을 정해주고 개인의 한계를 넘어서 외치려 하는 힘입니다. 그것은 사람들의 마음속에 불을 밝히는 것과 같습니다.

꿈도 희망도 욕망도 소망도 의지도 모두 생명 에너지의 표현입니다. 형태는 다르지만 모두 생명의 불꽃입니다. 생명 에너지를 부정하는 사람에게는 내일이 없습니다.

에너지는 다양한 것을 강력하게 끌어당깁니다. 가끔은 그 끌어당김이 지나쳐서 힘들기도 합니다. 그래서 에너지의 흐름을 잘 파악해가면서 내려놓기를 해야 합니다.

꿈을 꾸는 자만이 꿈을 이룰 수 있습니다.

희망이 있으므로 전진할 수 있습니다.

욕망이 있으므로 생명을 유지할 수 있습니다.

소망이 있으므로 발전합니다.

의지가 있으므로 개인을 넘어설 수 있습니다.

꿈을 꾼다는 것은 희망과 욕망과 소망과 의지를 구체화하는 것입니다. 다시 말해 원하는 것을 구체적으로 표현하는 것이 바로 꿈을 꾸는 행위입니다.

가령 '편안하게 살 수 있는 좋은 집을 짓고 싶다'고 생각한다고 칩시다. 편안하게 살 수 있는 좋은 집이라는 것은 여전히 추상적인 개념입니다.

이것을 건축가 등이 어떤 식으로 구체화시켜 나갈 것인지, 어떤 구조로 하고 어떤 외관이나 외장과 내관 및 내장을 할 것인지와 같은 일련의 작업이 꿈을 꾸는 행위입니다. 건축가가 꿈을 꾼 세계는 도면에 투영되어 건축자재 등 실물로 특정될 때 실제로 집이 되는 것입니다.

개념을 구체화하는 행위가 '꿈을 꾸다'입니다.

그리고 그 꿈을 현실화하는 것이 현실세계에서의 '행동'입니다.

꿈은 반드시 행동 전에 발생합니다.

꿈을 꾸는 행위를 비웃는 사람은 이 구조를 이해하지 못하고 있는 것입니다.

기업에서의 기획서나 제안서는 꿈꾸는 행위와 완전히 똑같습니다. 비즈니스의 세계에서는 꿈을 꾸고 그것을 기획서나 제안서로 정리하는 것입니다.

우리는 회사에서 기획서를 작성합니다. 제대로 꿈을 꾸고 있는 것입니다. 그럼에도 불구하고 안타까운 것은 자신의 인생에서는 전혀 꿈을 꾸지 않는다는 사실입니다.

꿈은 될수록 많이 꿔야 하는, 그런 것입니다.

지금의 3초를
소중히 여기자

기우장대(氣宇壯大; 기량이나 도량을 밖으로 장대하게 펼친다)한 의지를 가졌다고 합시다. 의지는 자신의 목숨을 바쳐서라도 이루고 싶은 마음입니다. 그런데 세계평화의 실현이라든지 사랑이 넘치는 가족 같은 회사 만들기와 같은 것은 개개인의 한계를 뛰어 넘는 소원입니다.

의지는 구체화한 꿈과 현재의 자신 사이에 다리를 만들어줍니다. 그 다리를 건너기 위해 내딛는 첫걸음이야말로 지금 당장 해야 할 일입니다. 그 시간이 단 3초밖에 되지 않는다고 해도 괜찮습니다.

3초가 부족하다고 느낄 수도 있습니다. 물론 3초에 모든 것이 완벽해질 수는 없습니다. 하지만 일단 가능성에 한 발자국 다가

갈 수 있습니다.

"언제나 앞으로 3초가 있다."

어떤 일이 일어났고 그래서 다음을 준비해야 한다고 합시다. 아무리 급박해도 3초 정도의 시간적 여유는 있습니다. 3초만 있으면 호흡을 정돈하고 기분을 가라앉히고 대책을 세울 수 있습니다. '이제부터 내게는 3초가 있다'고 생각하면 어떤 일을 당해도 동요될 필요가 없다는 말입니다. 핀치에 몰렸다 하더라도 3초의 여유만 있으면 걱정 안 해도 된다는 것입니다. 필자는 이말에 큰 감명을 받았습니다.

주어진 3초 동안 가능한 것을 하면 됩니다. 3초로 끝나지 않는 것을 하려고 할 때 '어렵다', '시간이 부족하다'고 생각하는 것입니다. 3초만으로도 가능한 일은 얼마든지 있습니다.

- 심호흡을 하고 기분을 바꾼다.
- 생각을 떠올리고 기분을 바꾼다.
- 가슴 뛰는 미래상을 그린다.

- 주변을 둘러본다.

- 준비물에서 잊어버린 게 없는지 확인한다.

- 지도를 본다.

- 거스름돈을 계산한다.

- 사람 이름을 떠올린다.

3초 동안 가능한 일을 실행해본다면 하루에 얼마나 많은 일이 가능할까요?

하루는 24시간입니다. 24시간은 1,440분. 1,440분은 8만 6,400초입니다. 그러면 이 8만 6,400초 가운데 3초는 몇 번이나 반복될까요? 무려 2만 8,800번입니다. 이 말은 곧 3초 동안 할 수 있는 일이 2만 8,800개나 된다는 의미가 됩니다.

3초 동안 가능한 일이라도 이래도 그만 저래도 그만인 일을 한다면 그것은 여러분의 '가슴 설레는 미래상'을 실현하는 데 전혀 도움이 되지 않습니다.

어차피 할 거라면 효과적인 3초 행동을 하세요.

그리고 연속적으로 하세요. 그러기 위해서는 늘 고민을 내려놓아야 합니다. 자유로운 의식을 유지하는 것이 중요하니까요.

하루를 일생처럼!
하루는 평생의 축소판

'1일 1생(一日一生)'이라는 말이 있습니다.

참 의미가 깊은 말입니다. 이 말은 하루하루를 살다 보면 그 하루하루가 그 사람의 평생이 된다, 즉 하루가 평생의 축소판이라는 것을 가르쳐주고 있습니다.

인생의 갑작스런 변화도 하루 중에 일어납니다. 사고, 재해, 사건, 죽음, 실연, 배신, 이혼, 절연, 파산 등 예상치 못한 충격적인 사건들이 하루 중에 일어납니다. 업무에 있어서도 마찬가지입니다. 갑작스런 인사이동, 해고, 부서 폐지, 도산, 흡수·합병, 계약 해제, 거래처의 도산 등 예상할 수 없는 사건과 사고가 하루 중에 일어납니다. 그런데 이런 일들이 일어났을 때 충격이 너무 크면 사람은 아무 생각도 할 수 없습니다.

내려놓기의 가치를 고려하면 이때는 곧 기회입니다. 지금까지의 인생을 일단 내려놓고 인생을 신선하게 되돌릴 수 있는 기회인 것입니다.

물론 현재의 생활을 제로베이스로 돌려놓기란 결코 쉬운 일이 아닙니다. 그러나 이를 절호의 찬스라고 이해하고 제로베이스를 충분히 즐겨보는 겁니다.

우리는 지금 살아 있습니다. 자신이 '지금 여기에 있다'고 생각이 되었을 때 '1일 1생'이라는 말의 무게를 느끼게 될 것입니다. 어제까지의 자신과 다른 자신이 있으며 동시에 오늘도 살고 있는 자신이 있습니다. 하루를 끝내면 지금까지의 일생이 끝나고 또 새로운 일생이 시작됩니다.

그런 의미가 보이지 않습니까?

그것은 '일기일회(一期一會. 단 한번의 기회 단 한번의 만남)'라는 말로 통합니다.

이 말은 '한 번의 다도회에서 만난 인연이 처음이자 마지막 만남일지도 모른다'는 뜻입니다. 내일을 약속할 수 없었던 전국시대에 탄생된 다도에서 비롯된 말인데, 첫 만남을 마지막 만남처럼 소중히 여기는 엄격하고 진지하고 풍부한 인생관이 엿보입니다.

　여러분에게도 언젠가 자신의 몸을 내려놓는 날이 찾아옵니다. 육체가 있으면 세상을 살면서 타인에게 영향을 주고 인생을 즐길 수 있었습니다. 그러나 최후에는 이 육체를 내려놓아야 합니다. 이것은 누구나 거쳐야 하는 일입니다.

　매 초마다 하는 당신의 행동은 이 세계에 보내는 마지막 유언일지도 모릅니다. 그렇다고 한다면 언제 끝날지 모르는 이 생명을 위해 당신의 뜻을 받아들여 중요한 일을 해야 하는 것 아닐까요?

　다양한 굴레와 잡념, 의무와 책임 등을 내려놓았을 때 당신의 인생이 빛나기 시작합니다. 그리고 비로소 우주로부터의 질문이 들립니다.

"진정으로 무엇을 하고 싶은가?"
"진정으로 누구와 있고 싶은가?"
"지금 무엇을 하고 있는가?"

　만약 이 질문이 들리면 자신의 마음 깊은 곳에 물어보시기 바랍니다.

"사실은 어떻게 하고 싶고, 누구와 있고 싶고, 지금 무엇을 하고 있는가?"

이 질문에 솔직하게 대답하고 바로 실행에 옮기십시오.
1%에 집중하는 행동이 여러분의 미래를 빛나게 합니다.
그리고 그것은 이 땅에 살아가는 우리의 빛나는 미래를 만드는 첫걸음이기도 합니다.

행동의 반복은 습관이 되고
습관은 우리의 운명을 결정한다

끝까지 읽어주셔서 감사합니다!

이 책은 일을 지나치게 많이 떠안고 있어서 행동하고 싶어도 행동할 수 없는 당신에게, 그런 서글픈 마음을 안고 있으면서도 포기하지 않고 열심히 살아가려는 당신에게 조금이라도 도움이 되고 싶어서 집필했습니다.

그것이 무엇이든 첫걸음을 내딛지 않으면 시작되지 않습니다. 작은 행동이라도 상관없습니다.

하지만 무엇부터 시작해야 할지 혼란스러운 상태에서는 선택조차 쉽지 않습니다. 그래서 지금까지 이 책에서는 모든 것을 내려놓고 단 1%에 지나지 않는 한 가지를 선택하기 위한 첫 움직임을 만들어내는 방법을 설명했습니다. 읽으면서 다양한 생각과 잡념을 내려놓고 속 시원한 기분으로 행동을 시작하기를 권했습니다.

행동의 반복은 습관이 됩니다.

그리고 그 습관이 우리의 인생을 만들어갑니다.

최근에는 습관을 개선하는 데 도움이 되는 책들도 많이 나와 있으므로 구해서 읽어보기를 권합니다.

필자는 '자신을 바꾸는 습관을 만드는 방법'에 대해서 이렇게 생각합니다.

"매일 좋아하는 커피를 마시는 것처럼 중요한 일도 계속하다 보면 좋은 습관이 된다."

매일 계속할 수만 있다면 그것은 습관이 됩니다. 그리고 이 또한 한 가지 일에 집중하는 것에서부터 시작됩니다.

어떻습니까? 조금이라도 도움이 되셨습니까?

이 책이 여러분의 고민을 불식시키고 속이 시원해진 기분으로 첫발을 내딛는 데 도움이 되기를 바랍니다. 그렇게 된다면 필자로서 그 이상 기쁜 일도 없을 겁니다. 또한 이 책에 대한 감상, 의견, 배운 점, 도전한 점 등에 대해서 편하게 연락을 주신다면 더할 나위 없이 기쁠 것입니다.

독자 여러분의 건승을 바라며 또한 건강하시고 행복하시기를 진심으로 기원합니다.

후지요시 타쓰조